智元微库
OPEN MIND

成 长 也 是 一 种 美 好

流程

Code to Process

密码

章义伍

/ 著

人民邮电出版社

北京

图书在版编目（ＣＩＰ）数据

流程密码 / 章义伍著. -- 北京 ： 人民邮电出版社，
2023.3
  ISBN 978-7-115-61078-2

Ⅰ．①流… Ⅱ．①章… Ⅲ．①企业管理－业务流程－
研究－中国 Ⅳ．①F279.23

中国国家版本馆CIP数据核字(2023)第004280号

◆ 著 章义伍
  责任编辑 刘艳静
  责任印制 周昇亮
◆人民邮电出版社出版发行　　北京市丰台区成寿寺路 11 号
  邮编 100164　电子邮件 315@ptpress.com.cn
  网址 https://www.ptpress.com.cn
  天津千鹤文化传播有限公司印刷
◆开本：720×960　1/16
  印张：14.25　　　　　　2023 年 3 月第 1 版
  字数：200 千字　　　　　2025 年 8 月天津第 20 次印刷

定　价：79.80 元
读者服务热线：（010）67630125　印装质量热线：（010）81055316
反盗版热线：（010）81055315

世事皆流程

有人的地方就会有事做，想把事做好就离不开一定的流程。

无论什么行业、什么职业、什么职位都离不开相应的流程。职位之下有职责，职责细分就是工作任务，每项任务都需要相应的流程。

横向的是业务流程，垂直的是管理流程，交叉的是接口流程。

高层需要战略流程，中层需要督导流程，基层需要操作流程。具体到职能就是生产流程、服务流程、销售流程、设计流程、财务流程、人力资源流程、品牌推广流程、产品开发流程等。

关于流程的个人感受

因为职业所需，多年来，我就像一只勤劳的小蜜蜂，天南海北各地飞，几乎不间断地从事咨询、辅导和授课。迄今为止，我很幸运地为近60万名企业领导者提供过培训服务，为数十家公司提供过咨询和辅导服务，这些公司包括东阿阿胶、京北通宇、青岛凯利电子、诺基亚售后服务中心、苹果售后服务体系、山东玫德集团、河北石药集团、歌莉娅、蓝月亮等。这些宝贵的不同行业的教学实践、流程咨询和现场辅导令我获益良多。与不同行业的企业打交道，帮助我积累了跨行业、跨岗位的关于流程的规律性认知。实际上，不同的流程，道理是相通的。这个过程可以简单地总结为3个阶段：多行业的实践和学习，形成"形而上"的规律性认知，将其迁移至任何其他行业和岗位应用。感谢每一次培训机会，教才是最好的学；感谢每一个咨询项目，为我提供了跨行业实践流程的宝贵平台。

根据多年的所学所做、所见所闻，我借此机会分享三点感受。

万事皆流程

只要你愿意，所有事情都可以制定相应的流程，包括上探太空、下采石油，大至社会民生、小至百姓日常生活。包饺子有可以实践的流程，医生做手术也遵循一定的流程，结婚、离婚有相应的流程，养育孩子也有可参照的流程，无人驾驶是自动化流程，信息系统也是编程，等等。

操作性的活动可以总结出流程，比如生产、服务、销售、财务报销、招聘等流程。

人际活动也可以总结出流程，比如教练、辅导、授权等流程。

思维活动也可以总结出流程，比如危机管理、投资流程、战略规划、头脑风暴等流程。

基层以操作流程为主，中层以人际流程为主，高层以思维流程为主。

流程分优劣

社会上优秀的企业总是在不断成长，而平庸的企业之所以平庸，是因为缺少优质的流程。就像彼得原理[①]所描述的那样，大多数企业中的大多数员工在大多数时间里都是在没有优质流程的状态下工作的，这直接导致了产品和服务的不稳定性。

很多企业的流程是基于国际标准化组织（International Organization for Standardization，ISO）体系梳理的，但其中的标准作业程序（Standard Operating Procedures，SOP）和程序文件都经不起推敲。它们粗放且缺乏细节和标准，未经切割的程序文件非常烦琐，几乎无法落地，而且程序文件的前后步骤都不是由同一个人完成的。很多企业的 ISO 体系都是"带病上岗"，其结构先天不足。

人们对流程还存在以下诸多误解。

- 流程图是流程。实际上，流程图只是工作流，没有任何操作细节和标准，无法保证工作品质。
- 规章制度是流程。实际上，规章制度更像交通规则，而好的流程就像一套精准的导航仪，有步骤、有细节、有标准，遇到堵车时有灵活的替代方案。

请问各位企业管理者，你们企业的每个岗位、每项工作任务都有精确的导航仪吗？还是只有一堆中看不中用的文件？

[①] 彼得原理是管理心理学领域的术语，是指在一个管理等级森严的制度中，每个职工趋向于上升到他所不能胜任的岗位。——编者注

流程需升级

商业实践总是处于动态变化之中，我们的知识可能会过时，企业的实践也会落伍，竞争对手正在创新，客户有更高的需求。凡此种种，内在和外在的环境变化都将倒逼组织的流程不得不升级。

以下情况的出现，都是流程需要迭代的信号。

- 总有一些天才，能够在现有流程之上总结出更好的实践，这就是优化流程的契机。
- 遵循流程操作，仍然不止一次地出现问题。
- 一些客户提出了更高的需求。
- 当竞争对手有更好的产品时。
- 引进新设备时。
- 当软件升级时。

我们知道，华为和苹果手机的软件系统总是定期或不定期地升级。这个时代，企业的产品和服务几乎每一天都在变化，所以，作为企业管理者更应该不断学习、成长、完善管理流程，提升企业竞争力。

关于流程问题的思考

无论线上直播还是线下培训，我常常遇到热心的听众提出各种具有挑战性的问题，比如："流程真的适合所有企业吗？""流程在企业发展的早期阶段也有效吗？""流程的惯性会阻碍我们的创新吗？"感谢这些坦诚且有建设性的提问，诸如此类的问题启发了我对流程本质更广泛、更深入的思考。这里摘录一些具有代表性的问题及我的回复供读者参考。

问题 1：小企业需要流程管理吗？

答：企业是否需要流程管理与企业规模的大小没有必然联系。小企业也有大量的重复性工作，凡是重复性工作都值得制定规范化的流程，比如商务活动中的客户拜访流程、招聘中的面试流程、财务活动中的对账流程和报销流程等。

小企业有了流程，就等于有了做事的导航仪，这样会减少错误，降低成本，保持产品和服务的统一性，增加产品和服务的稳定性，从而成为一家"小而美的企业"。

小企业有了流程的基因，就可以加快复制速度。一般来说，小企业有了"规范化"的流程，紧跟着就会达到规模化。基于流程的规模化经营，企业想不做大都难。

麦当劳、星巴克、优衣库、喜茶……无一不是从小变大的。

没有"流程缘"的小企业通常不敢盲目扩张，简单、基础的事情都漏洞百出，更不用说做大做强了。

问题 2：初创企业需要流程管理吗？

答：这要分两种情况。

一种情况是自带流程基因的企业或大型项目。

麦当劳进入中国市场时，差不多就是"含着流程的金钥匙"出生的。作为一个成熟的商业体，麦当劳不仅拥有成熟的流程体系，还拥有丰富的跨国复制经验。1992 年，麦当劳落户北京王府井，美国总部把一箱一箱的操作流程和管理手册一起带到中国麦当劳，还包括所有操作岗位的录像带。除此之外，他们还派了 30 位具有国际商业背景的流程教练进行流程培训。6 个月后，教练们顺利完成培训任务，一群像我一样的"小白"成了"掌握多项业务和管理流程"的职业经理人。这批经理人随后又完成了新一轮的流程复制，从第 1 家到第 100 家店。截至 2022 年 3 月，麦当劳在中国已经开设超过 5000 家门店[①]。

同样的例子还有中国成功举办了两届奥运会。北京奥组委[②]举办夏季奥运会是史上头一遭。这种国际性盛会容不得我们瞎摸索，更容不得出差错。当北京奥组委接过奥运会会旗时，同时也汲取了上一届奥运会的流程和成功基因。北京奥组委与国际奥委会一道，学习、研讨并设计出清晰的各领域工作流程。从奥运场馆到运动员村的建设，从餐饮到旅游，从新闻发布到语言翻译，从交通路线规划到路标会标，从开幕式到闭幕式……所有与奥运相关的活动无不体现对历史流程的继承和价值创新。中国人以非凡的学习能力和创造力成功举办了 2008 年和 2022 年两届各有特色的奥运盛会，赢得了全世界的赞誉。那一刻，我们可以说，奥运会在中国没有水土不服。

另一种情况是，如果是一家初创公司，早期并不具备提炼流程的基础。这时，比流程更重要的是寻找优秀的人才，人才经过一定时间的工作实践和探索，会形成逐渐稳定的"成功经验"，接下来，就会进入"萃取流程"和"复制流程"的环节。

对初创企业而言，首先有创始人和商业模式，其次有探索性

---

① 前瞻产业研究院.2022 年中国连锁餐饮行业市场现状及竞争格局分析［EB］（2022-10-10）.

② 一般指第 29 届奥林匹克运动会组织委员会。

实践，然后有流程的萃取，接下来是流程的复制和壮大，最后是流程的迭代，从而不断地螺旋上升，最终发展壮大成大型优秀企业。

问题 3：流程也许更适合普通的生产或服务型公司，我们公司全部是定制业务，每个客户的要求都不一样，甚至原材料都不一样，流程对我们这样的公司能有用吗？

答：确定并且肯定有用。就像导航仪能够为千千万万不同的路线提供指引一样，流程也能够为种类各异的业务"导航"。所有的定制业务都需要遵循必要的流程，这些流程包括：接单、打样、样品确认、付款、合同、生产安排、质量验收、包装、发货、售后服务等。

海尔的家庭厨房、尚品宅配的家庭装修都属于定制业务。每个客户的需求都有所不同，企业完全可以用流程化的管理来满足客户的个性化需求。

无论标准件还是非标准件的设计和生产，相同的是都遵循流程，不同的是操作步骤和细节的区别，比如规格、型号、原材料等的不同。

标准业务是企业替客户做了产品参数的选择，定制业务是客户自己进行了个性化选择。

简单来讲，相同的是流程，不同的是步骤和细节参数。

几乎可以断定，没有流程的定制业务，会出现缺陷、返工、报价不合理甚至亏损等一系列问题。即使是定制业务，也需要设立边界，明确客户的哪些需求能满足、哪些需求不能满足，否则采购成本、交付周期和质量的稳定性都将遇到不确定的挑战。

问题 4：我是做平面设计的，流程会不会僵化我们的思维，影响组织的创新？

答： 流程不会僵化我们的思维，历届奥运会都有规范化的流程和规则，但每一届的开幕式和闭幕式都与往届不一样；产品设计有流程，但我们可以设计出完全不同的产品；战略规划有流程，但每一年的战略都不同于过往；会议管理有流程，但每一次的会议议题和会议成果都不尽相同；解决问题有流程，但每一次的问题本身就不一样。

因为输入不同，所以输出不可能一样。

流程是优秀实践的提炼，不仅不会影响创新，还会规范创新的路径。没有流程的创新只能是无序创新，其结果就是"靠天吃饭"，其本质就是一场商业赌博。

流程揭示的是事物运行的规律。任何一个步骤的缺失，都可能需要付出惨痛的代价。

就平面设计而言，该岗位的确需要很多创造性的见解和观点，但平面设计的基础框架和设计逻辑是不变的，具体如下。

- 收集客户的需求，并将内容以表格化呈现。
- 设计几种不同主题的框架结构。
- 与客户互动交流，做出修正性选择。
- 锁定框架，丰富细节。
- 再沟通，确认定稿。

好的流程应该是有血有肉有筋骨的，主题清晰且独到，结构完整，有丰富的细节。流程的最高境界是写出个性。

总之，流程不仅不会阻碍创新，还能助力创新。基于同样的流程，输入不同，输出就一定不同。如同厨师做菜，原材料不同，所需流程及所耗费的时间就不同，做出来的菜品味道就不同。输入不同，流程的操作细节和标准也不同。所有的步骤都是对输入的加工，所有的输出都是衡量流程的试金石。

本书的写作目的

之所以写作此书，首先要感谢数百万抖音粉丝的期待。几乎每次线上直播都有人提出五花八门的问题，而且有很多问题是重复的，这些问题确实需要一个窗口来解答。此外，总裁班的同学们也常常向我问书、求书，这是写作此书的另一个动力来源。还有一个重要的原因是，有人根据我的公开视频或录音，已经先于我出版了与流程相关的图书，并且署名是章义伍，令人啼笑皆非。鉴于以上几点，我想是时候出版这本书了。

特别感谢樊登读书田莹女士的友情推荐，让我有机会接触到中欧出版集团热情的编辑。感谢吕颜冰和张碧萱两位编辑的积极推动，感谢人民邮电出版社的编辑刘艳静女士对本书出版的支持，我终于鼓起勇气在课余笔耕，以便让本书尽早面世。

非常感谢深圳博商、广州时代华商、山东泰山管理研修学院等培训机构为我创造的海量培训和咨询的机会，尤其感谢京北通宇、青岛凯利电子、山东玫德集团、蓝月亮等公司的咨询实践为本书所提供的营养素材，感谢我的工作伙伴们在流程咨询中和我共同研讨的很多话题和经验的分享。

尤其感谢我的夫人徐军老师，她不仅陪伴我完成了诺基亚售后服务体系和苹果售后服务体系等多个流程咨询项目，而且用心校对了本书的全部内容，提出了许多独特的见解和宝贵的修改意见。

本书的写作风格秉承我一贯的演讲风格，我不想面面俱到地写一本系统性很强的教科书，当然也不会写流程的发展史，更不会写滴水不漏的"正确的废话"，我十分珍视对流程领域最佳实践的萃取，重视对当前企业流程设计的纠偏，重视不同行业流程的异同，当然也包括我在咨询中获得的一些创造性的独立见解。总之，希望这不是一本催眠书，我期待的是本书的可读性和价值分享。

写作本书时，我没有对自己的写作内容设定边界，有很多内容是实践感悟或即兴发挥，可能会有一些错误，特留信箱期待大家的指正与反馈：yiwu6@vip.sina.com，期待大家建设性的"砖头"。

目录
c o n t e n t s

第一章

能人退后，流程向前

三流的企业家专注做事，事无巨细、事必躬亲，其企业绩效以个人能力为半径画圆；二流的企业家关注用人，因材施教，通过影响团队提升组织绩效，其企业绩效以团队的能量为半径画圆；一流的企业家善用系统要素，打造一流的业务流程和管理流程，用规范化实现规模化，打造企业可复制的商业模式。

两种不同的商业基因

中美之间的商业比较

中美在商业领域的差距显而易见。

美国公司在世界 500 强公司排行榜中占了三分之一的席位，以至于美国人来到中国，就好像生活在美国一样，喝的是可口可乐，吃的是麦当劳，用着苹果手机，住在喜来登饭店，洗发水用的是宝洁海飞丝，购物车推进了沃尔玛。美国人甚至把迪士尼复制到我们的香港、上海……一句话，随着全球经济的高度融合，美国人把他们的企业复制到了全球各个角落。这是商业复制的奇迹。

相比较而言，中国的优秀企业还不够多。世界品牌实验室（World Brand Lab）发布的 2021 年世界品牌 500 强榜单中，美国独占 198 席，法国占 48 席，日本占 46 席，中国占 44 席[①]。再把中

[①] 林雨.最新《世界品牌 500 强》揭晓　中国 44 个品牌入选［N/OL］.南方新闻网［2021-12-08］（2022-11-01）.

美优秀企业的利润拿出来对比一下：2021年，苹果公司的利润是574亿美元，华为公司是94亿美元；苹果的员工数量是14万，但华为的员工数量是21万。就人均效能而言，华为是苹果的大约九分之一。另外一个数字是，腾讯与阿里巴巴的合计利润是454亿美元，相当于微软的全年利润。世界排名前十的科技公司中有4家——苹果、谷歌、微软、Meta[①]，都是美国企业。

作为世界第二大经济体，中国的经济体量确实很大，但我们还不够强大。中美企业之间的差距，本质上是商业基因的不同导致的。中国企业更多的是能人化基因——精英模式；而美国企业更多的是靠流程在复制，是由流程构建的管理体系——系统模式（见图1-1）。

精英模式	系统模式
• 能人打天下 • 忙碌的传奇人物 • 领路的旅鼠	• 流程打天下 • 整体的优秀 • 越洋的雄鹰

图 1-1　不同模式下的商业基因

中国企业的"精英情结"

虽然开奔驰汽车和宝马汽车的人不一定知道这两家企业的首

---

① Facebook 的母公司。

席执行官（CEO）是谁，但是他们一定知道奔驰和宝马的 4S 店在哪里。所谓的"4S"，其实就是品牌为销售门店制定的工作流程。

第一个"S"指的是销售（sale）：销售人员对每一款车的介绍都遵循结构化的销售流程。

第二个"S"指的是服务（service）：从预约开始到交付的全流程运营，线上线下一体化。

第三个"S"指的是零配件（spare part）：根据客户需要，提供所有原厂配件。

第四个"S"指的是信息调查（survey）：客户在 4S 店里购车，或者对车进行维修、保养后，门店要委托第三方机构进行回访，一方面是确认客户的满意度；另一方面是为了收集反馈意见，提升门店的服务水平。

用 4S 店体系对标企业家任期，请问，谁的生命周期更长久？

我们先来看一下精英模式的特点，具体如下。

- 优秀的公司背后，一定会有一个魅力型领导者。
- 魅力型领导者的下面，一定有几个可信赖的左膀右臂。
- 无论领导者还是左膀右臂，都有"鞠躬尽瘁、死而后已"的拼命三郎风格。
- 若想基业长青，关键要解决企业传承的问题。
- 能人与能人之间，容易引起冲突，当合伙人或业务骨干离开企业的时候，容易诱发人事地震。
- 很多时候，能人高于企业规范，老板的话有高于企业规章的威严。

　　…………

因为从事培训职业，我有比较多的机会服务国内的优秀公司，发现每一家企业的背后几乎都有一个传奇人物。毫无疑问，这些传奇人物在企业发展的过程中发挥了举足轻重的作用。但问题是，随着企业规模的不断扩大，能人的光环仍在递增。这就会使企业上下形成对能人的过度依赖。实际上，世界500强企业的领导者平均任职时间只有1年2个月，这么短的时间很难成就传奇。

在系统模式下，企业CEO的重心是捍卫流程，保证流程和机制的有效运转。而在精英模式下，能人的责任是"对一切负责"，累就累在"能者多劳"。

这让我想起了野牛群首领的故事。野牛是一种群居性动物，成百上千的野牛听命于头牛的指挥，头牛走到哪里，所有的野牛都紧紧跟随。早期的美洲移民之所以能大量地猎杀野牛，最简单的方法就是先射杀头牛。失去了头牛的指令，所有的野牛就会原地打转，等待它们的将是被屠杀的命运，直到人类停止杀戮。然后，剩下的野牛重新选择首领，生活继续重复，悲剧不断重演。

能人型组织，也将不同程度地面临"野牛群"的困境。

- 过度依赖企业领导者（头牛）。
- 当企业领导者失去学习能力时，组织开始走下坡路。
- 随着"五虎上将"逐渐老去，人才青黄不接，企业发展陷入"蜀中无大将，廖化作先锋"的困境。

这些能人型企业的辉煌能持续多久？判断企业能否继续辉煌的依据又是什么？

能人的负能量

企业中的能人通常包含两种类型：第一种是无所不能的企业创始人或掌舵人；第二种通常是指老板身边的左膀右臂。我曾在课堂上戏言，如果允许我进入企业自由访谈或面试，事后从企业中挖走他们的骨干管理层和技术人员，那么这家企业很可能瘫痪或崩溃。不借助系统的力量，能人是无法复制的。

系统型组织不容易受到人才流失的困扰。人才的分流并非完全是坏事，实际上有利于同行的集体进步和良性竞争，同时也确保了企业自身的新陈代谢。

吉姆·柯林斯在《基业长青》一书中说过：能人型领导者喜欢报时，远见型领导者懂得造钟。造钟就是建立一套系统化的工作流程，让所有员工有规范可循；报时就是依靠能人的经验，指挥下属做什么、何时做、怎么做。

能人在作为"报时人"的同时，还容易产生以下"后遗症"。

- 江郎才尽。能人永远身先士卒，难免江郎才尽。伴随着能人学习能力的不断下降，企业的价值创造力将进一步下降。
- 能人以一己之力代替现代企业运营体系，独自驾驭千百亿资产，如同野牛群的首领，决策风险之大可想而知。
- 能者多劳。能人太过"多劳"，反而令其他同事没有发挥才能和成长的空间，不利于企业的长久发展。
- 能人多半都不喜欢下属超越自己，他们更喜欢以"一个能人加一千个不如自己的助手"的模式工作。这样容易造成一旦左膀右臂走，经验跟着走，甚至客户都跟着走的情况发生。

- 能人喜欢培养心腹，更喜欢下属服从管理的工作风格。
- 优秀的领导者不见得能选出优秀的继任者，企业发展前景堪忧。

造钟则不同，对系统化管理的企业来说，它是一场变革。企业创始人应该致力于打造一套现代化企业管理体系，这套体系源于企业的实践，同时超越实践，还能指导未来的实践。能人的个人能力发挥到极致后会走下坡路，这是生命的规律；而流程则不同，系统会因不断的迭代和升级而趋于完美。

系统模式：西学中用

在西学中用方面，华为堪称中国企业的典范。

当任正非开始投入巨资引进 IBM 等 15 家美国咨询巨头为华为导入流程时，当华为开始实施 CEO 轮值机制时，当华为开始开拓海外市场时，中国企业界似乎觉察到华为国际化策略的与众不同。华为大刀阔斧地开展海外业务，异军突起于国际通信产业。

应该说，任正非先生是一位非常低调的人，奈何"树欲静而风不止"。幸运的是，任正非是一位安静的实干家，他带着危机感和使命感，带领华为在各个业务领域突破困境，开创新局面。这种突破包括剔除对他个人的各种神化。

任正非是一个不断推动华为进步的改良主义者。在他的推动下，华为走出了一条有别于传统中国企业的发展路线，看看华为的后续表现就知道了：遍地开花的华为专卖店及其与国际巨头无差别化的运营管理模式，还有去能人化、建系统化、实行轮值管理模式的一系列操作。

黄卫伟在《以客户为中心》一书中记录了一段任正非先生的精彩讲话。他谈到华为要逐步摆脱三个依赖："我们要逐步摆脱对资金的依赖、对技术的依赖、对人才的依赖，使企业从必然王国走向自由王国，建立起比较合理的管理机制。"

华为的管理模式正逐步从"精英模式"迈向"系统模式"。作为标杆企业，华为领先国内同行成功开展国际化经营，这样的国际化基因令华为可以和国际巨头平起平坐、同频角力，不仅能够保障华为的竞争优势，同时也能摆脱组织对任正非本人的过度依赖，长远来看，华为的续航能力更强。

成功会垂青那些像华为一样有规范化基因的企业。

旅鼠和雄鹰的较量

你听过旅鼠集体自杀的故事吗？

旅鼠是生活在北美和欧亚大陆北极地区的一种食草动物，它们不会游泳，只能在陆地上生活。旅鼠的繁殖能力极强，每六周就能繁育出下一代，它们靠吃草苔和其他植物为生。随着旅鼠数量的激增，它们开始抢夺食物、争夺配偶，不断寻觅新的食物来源，吃完一片植物后，它们会选择向同一个方向直线迁移，直到到达海边。面对悬崖峭壁，回头看没有食物，向下看是一片汪洋大海。随后出现的场景是，成千上万的旅鼠前赴后继地纵身跳下悬崖，集体自杀。

在 1958 年获得奥斯卡金像奖的迪士尼动物纪录片《白色旷野》中，导演用虚拟场景拍摄的方式生动地模拟了旅鼠跳下悬崖的景象，也让很多人误以为旅鼠会习惯性地选择跳海自杀。

事实上，旅鼠集体自杀的现象早已被生物学家否定。在实验中，旅鼠的特性是"宁愿相互搏杀，也不愿意跳海找死"。生物学家百思不得其解：为什么实验结论与现实截然不同？生物学家想不通的问题，最终被管理学家破解：旅鼠选择集体跳海只是一个假象。真实的情况是，旅鼠跳海可以分为两个部分，旅鼠的先头部队最早看到了大海，已经感受到了危险，它们并不想纵身跃下，但被后面一拥而上的旅鼠用惯性给推了下去；后面的旅鼠看到前面的旅鼠纵身跳海，以为下面有丰美的食物，所以选择了纵身跃下。简单来讲，前面的先驱是被惯性推下去的，后面的跟随者是盲目跟跳的。

旅鼠代表的是那些只能在一定区域内经营，一旦进入其他市场，就会因为缺少竞争力而失去生存根基的企业。有些中国企业也具有旅鼠的基因，它们只能在自己熟悉的领域深耕。

雄鹰拥有强健的翅膀，可以跨洋过海到大洋彼岸去生存，在这里代表那些可以走出国门，在国际市场上打响自己的品牌，拥有全球竞争优势的企业。像华为这样可以蜕变为雄鹰的企业，在国内还是少数。

旅鼠只能在本就范围不大的区域内拼命地争抢食物，一旦区域内的植物被啃食一空，它们只能面临两个选择：要么等死；要么跟随大部队到另一片狭小的生存空间去继续竞争。雄鹰却可以扇动翅膀，不断到猎物更多、更肥美的区域获取食物。相比之下，旅鼠在拼命确保生存的同时，雄鹰却在考虑如何生活得更好。

旅鼠与雄鹰的故事，能给中国的企业家带来怎样的警醒和启示？中国企业靠什么在全球化竞争中崛起？首先，中国的企业家不能丢掉一颗进取的心。因为只有在更广阔的市场上，企业才能拥有更大的商业价值和发展空间。跨市、跨省、跨国的前提是拥有"放之四海而皆准"的流程化基因。其次，中国的企业家要学会"去能人化、建规范化"。

迭代商业基因

没有人会否认中国企业过去 40 年的财富积累和经验储备。上一代企业家给我们积累的宝贵经验是什么呢？是灵活的头脑、快速的反应机制、顽强拼搏的意志和敢于冒险的精神。但是在面对国际化竞争时，这些品质和优点变得微不足道。恰恰是这些灵活、快速的反应机制妨碍了我们对基础研究的投入和产品的持续升级。

简单来说，短、平、快的商业节奏影响了企业的可持续性和价值创造，最终伤害的是顾客、是市场。企业从国内发展转向国际竞争等于换了频道，既然换了频道，企业管理者也应该换换思路。

- 企业家意志需要蝶变为强有力的企业文化。
- 灵活的头脑升级为适应客户需求的流程。
- 快速的反应机制迭代为产品策略、营销策略。
- 冒险固然可贵，但一套完整的战略规划体系，可以帮助管理者预测未来，降低组织战略冒进的风险。

中国的企业家一定要学会的宝贵经验是，告别少数能人，迭代组织系统。我们对中国的很多企业家耳熟能详，而西方企业津津乐道的往往是日本的 5S 管理、欧美的六西格玛、苹果的 iOS 系统、谷歌的安卓系统、麦当劳的运营流程、宝马的 4S 店模式、万豪的酒店管理体系等。随着时间的推移，企业家一定会出现"廉颇老矣"的无力感，而系统则可以不断迭代升级并趋于完美。

正所谓"成也能人，败也能人"。能人是靠不住的，能人可能因为年龄的增长或认知水平的下降而导致学习能力下降，而流程只会不断升级。能人往往是独一无二的，可遇不可求，能人可能会升迁，也可能会离职，谁能接替他并再创辉煌呢？系统模式则不同，可以复制出千千万万的职业经理人，真正实现江山代有人才出。

能人治理企业，行车的个性取决于驾车人；系统治理企业，行车的轨道和速度，听命于导航仪。二者之间存在本质上的区别。

做大做强、基业长青的企业都有一个基本的模式：带着流程的基因在扩张，如麦当劳、可口可乐、沃尔玛、希尔顿酒店、宝马 4S 店、迪士尼乐园、星巴克等。

麦当劳（中国）的成长三部曲

1990 年麦当劳刚刚进入中国准备开店时，我很幸运地成为麦当劳在中国招聘的首批创业经理人，见证并参与了一个跨国公司在其他国家从拓荒到成长的历史。早期的麦当劳在干什么？就两件事，第一，将美国的流程导入中国，试试水土。待实践证明完全适合时（此前已经积累了大量异域扩张的经验）开始第二件事——批量复制职业化人才。在第一家连锁店开业之前，数以百计的经理人和上千名员工已经招聘到位、培训到位。同时，至少有 30 名国际经理人来到中国，帮助本地经理人快速成长。

对麦当劳来说，早期阶段赚不赚钱不重要，甚至要选择"战略性亏损"，想方设法把钱花出去，花在最重要的两个方面：植入管理基因和培养捍卫基因的人才。

第一阶段：探索阶段。主要任务是前 3 年开 3 家店，导入国外的成功经验，积累实践经验。

第二阶段：低速复制阶段。主要任务是 3 年开 30 家店，固化体系，复制人才。

第三阶段：高速复制阶段。主要任务是系统复制。2017~2019 年，麦当劳在中国新开餐厅超过 1000 家。

值得一提的是，麦当劳每年通过流程竞赛，让最佳员工脱颖而出。由每个岗位的流程冠军组成"明星队"，把流程植入新城市的新店。

通过麦当劳的创业实践和发展路径，我们得出以下启示。

第一，企业处于不同的发展阶段，每个阶段的任务都不同。早期、中期和成熟期的管理经营思路完全不同。早期对人才和流程的投入不足，将会极大地限制企业的发展后劲。为什么有那么多的企业发展到一定规模就再也不能持续成长呢？答案是"三岁看小"，关键看企业在初创时期的前 3 年做了什么。

第二，该花钱的时候一定要毫不犹豫地选择"战略性亏损"。为人才花钱，早期就会沉淀优秀的实践；为流程花钱，就能萃取竞争者够不着的规范化基因。这就是鼓励企业不断融资的原因，用社会的钱造就优秀的企业，将来就可以回报投资者更高的商业价值，也回报企业一个精彩的未来。

流程是区别"人治"与"法治"的分水岭

企业的发展通常会经历以下 4 个不同的发展阶段（见图 1-2 ）。

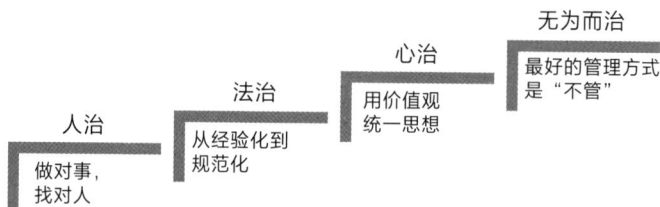

图 1-2　企业发展的 4 个阶段

人治阶段：做对事，找对人

初创期的企业有两大核心任务：选择商业模式和寻找优秀人才。

如果企业创始人从一开始就选择了一个没有持续竞争力的商业模式，就相当于搭上金钱、时间和资源做了一次错误的尝试。战略的选择有赖于创始团队对行业趋势的分析、客户需求偏好的分析、行业竞争的分析和自身优势的建立，由此决定企业的战略切入点。

毫无疑问，对商业模式的选择影响最大的是人的因素。创始人的能力再强，也不可能一个人包揽全部工作，所以寻找一批志同道合、能力互补、与战略相匹配的创业人才是关键。一个好汉三个帮，如果没有关羽、张飞的协助，刘备也不可能成就蜀汉大业；如果缺少保罗·艾伦（Paul Allen）的保驾护航，比尔·盖茨（Bill Gates）的一些设计构思也很难转化为企业的实际竞争力。

《三国演义》的故事妇孺皆知，作为一个卖草鞋的落魄贵族，刘备在天下大乱、群雄四起的乱世中，以"汉室宗亲"的身份，选择了"兴复汉室"的宏伟事业。在这个愿景的驱使下，刘备先是"桃园三结义"团结了关羽、张飞两员虎将，再三顾茅庐请来了诸葛亮，组建了自己的创业班底。而后，刘备在乱世中拥有了自己的一方势力，这才成就了后来魏蜀吴"三分天下"的格局。

刘备之所以能获得阶段性的成功，原因有二：一是自己立志高远；二是找到了志同道合的左膀右臂。

基于以上两个原因，我们总结创业企业的工作重点如下。

- **提升创始人的洞察力**。所谓做对事，找对人，从根本上是对创业者的考验。企业创始人不仅要有挑选行业的眼光，还要有选人的眼光。在企业初创期，企业创始人要不断学习，提升洞察力。
- **网罗优秀人才**。企业创始人要以超前的眼光寻找各领域的重量级人才。
- **鼓励探索性实践**。企业发展的早期阶段，能人的经验至关重要，因为没有现成的规则和流程，一切都是"摸着石头过河"，企业应鼓励一切探索性创新。
- **执行人管人模式**。既然缺少规范，经验就是最好的替代品。因为人数不多，创始人可以一竿子插到底，为后期立规矩做好准备。
- **以能人为中心**。企业初创阶段，企业创始人要懂得发挥能人的经验价值。

法治阶段：从经验化到规范化

当企业走过人治阶段，业务步入正轨，组织实践也趋于平稳的时候，企业将有序进入法治阶段。

说到法治，很多人脑海里闪过的第一个想法就是用规章制度来管理企业。实际上，法治的重心是流程。制度和流程是两个截然不同的概念。**制度是约束性条款，流程是做事的路径和方法。**流程是告诉你如何把事情做好，制度是告诉你"做错了怎么惩罚"。有了流程就等于有了做事的导航仪，规章制度一般只起约束作用。

新手开车上路通常都启用导航仪，导航仪会告诉你：在前方 100 米红绿灯处左转，直行 50 米后右转，目的地就在你的右侧。这是行车的流程，有导航仪的指引，一般谁还会犯错误呢？制度更像是交通规则，闯红灯罚分，超速罚分，占用机动车道罚分……摄像头更像是管理者的眼睛，一旦看见你犯规了，就照章执行。无独有偶，中国企业也特别钟情于制度，以至于制度的威力远超流程。

无论新手还是老手，只要有了正确的导航，人们自然不会走向歧途。多年来，我的驾车习惯就是无论熟路还是生路，一律使用导航仪。导航仪的好处不仅仅是指示路线，更重要的是规范驾驶行为：超速了会有提醒，堵车了会推荐更优路线，危险路段会有警示。导航仪的数据研判优于个人经验，专治老司机的"各种不服"。如果你习惯了驾车时启用导航仪，遵守导航指示，你就很难犯错误。

企业的经营也是同样的道理，构建好流程后，人们犯错误的概率就会很小，很少有人用了导航仪还会走错路；即便偶尔出现偏差，也可以通过工作辅导的方式化解，而不是动用冷冰冰的制度。放眼整个市场，成熟的公司往往有一个共同点：流程做到了无缝对接，但制度形同虚设。员工犯了错误怎么办呢？有问题纠偏流程、工作辅导流程、绩效考核流程。用流程解决问题比用制度解决问题更有效、更温和。

有了正确的认知，人们就更愿意启用导航仪了。处于法治阶段时，企业的工作重点如下。

- **萃取流程**：将优秀的实践萃取为简单可操作的流程。
- **人才复制**：用一流的流程武装平凡的员工，创造非凡的业绩。
- **制度回撤**：减少制度的约束。
- **能人退后**：能人逐渐把精力转移到"捍卫流程"而不是"人管人"上。
- **用规范化实现规模化**：有流程加持，企业成长的速度一日千里。

心治阶段：用价值观统一思想

如果说法治是行为的规范，那么心治就是思想的统一。

流程被滥用，就会把坏事放大；流程被善用，就会事半功倍。没有流程的企业，员工的行为会出现偏差；没有共同价值观的企业，员工的思想会混乱不堪。在这个多元文化的时代，企业上下拥有共同的价值观显得尤为迫切和重要。

不同的年龄、性格、家庭环境、教育背景，塑造了性格截然不同的个体。当这些性格迥异的个体走进同一个工作环境时，组织要求他们遵守共同的价值观并非易事。我们并不是要改变每个人的价值观，而是要在其差异化的个人价值观基础上，构建一个共享的企业价值观。企业管理的目标是用求同存异的方式，尊重个性、尊重差异、兼容每个员工，共享价值观，使其为同一个目标奋斗。

价值观是企业的灵魂，也是流程的灵魂。

企业文化有 4 种不同的表现形式：墙上贴的、嘴里说的、手里做的、客户可以感知到的。只有客户可以真切感知到的企业文化，才是"接地气"的企业文化。

世界 500 强企业的企业价值观主要体现在以下 4 个方面。

- 客户满意（企业的使命和终极价值）。
- 员工发展（实现客户满意的必要条件，也是实现员工满意的必要条件）。
- 追求卓越（定义了客户满意的更高标准）。
- 学习与变革（保障持续成功）。

我们最怕的是说到做不到。如何践行这些价值观呢？最简单有效的方式就是把"客户满意"的价值观细化为可以落地的行动，放在流程中。比如：麦当劳的客户满意目标之一是"为客户提供热而新鲜的产品"，这个承诺包含哪些操作细节呢？具体如下。

- 超过 10 分钟的汉堡包，全部丢弃。
- 超过 7 分钟的薯条，全部丢弃。
- 超过 90 分钟的派，全部丢弃。

- 每天过滤油品，pH 值超标的油品第二天不再使用。

- 收货时严格验货，检验冷藏车和冷冻车的温度是否达标。

- 库房管理环节的品质要求，货与货之间保持 1 英寸 [①] 的距离，货物与地面之间保持 2 英寸的距离，货物与墙壁之间保持 2 英寸的距离，货物与屋顶之间保持 1 英尺 [②] 的距离。

- 半成品牛肉饼在操作台的小冰箱里的保存时间是 2 小时。

- 新鲜奶浆与前一天剩余奶浆的比例为 7∶3。

上述细节和标准被完全置于麦当劳的操作流程，只要麦当劳的员工在执行流程就等于在践行企业价值观，真正实现了润物细无声。

价值观看似无形却有形。流程既诠释了法治，也融入了心治。流程既是硬件，又是软件。法治和心治在流程中合二为一。

企业处于心治阶段时的工作重点如下。

- **提炼核心价值观。**企业应组织高层管理者共同研讨，从提炼出的众多价值观中选择最适合本企业的、最有利于客户的、最能够被大众认同的价值原则。

- **将价值观转化为操作细节。**企业应组织研讨将企业价值观逐一转化为操作标准。各部门分别研讨，同一条价值观在不同的部门有不同的标准，首尾相连，对客户的承诺是所有部门的一致行动。

---

① 1 英寸 =2.54 厘米。

② 1 英尺 =30.48 厘米。

- **将细节融入流程。** 所有的细节和标准都应放在对应的流程框架中，以制度的形式固定下来。
- **放弃对价值观苦口婆心地宣讲，强化对流程的训练。**

我学习过有关华为企业价值观的材料。欣赏之余，我也不禁感叹：任正非先生为了华为的持续成长付出了多少思考和努力！平心而论，这是非常简单、基础的办法。如果华为的基层操作流程足够优秀，承载了华为价值观的更多细节和标准，就会省去反复宣传贯彻的烦恼。

中国企业应该多想一些事半功倍的新办法，向先进企业学习是一条捷径。企业管理者不可小觑价值观的力量，价值观能否落地代表了企业的心力。正如稻盛和夫先生在其著作《心：稻盛和夫的一生嘱托》中所说的："世间万物，始于心，终于心。人生的道路都是由心来描绘的。"能力还需心力护！

无为而治阶段：最好的管理方式是"不管"

无为而治是很多企业经营者和管理者毕生追求的境界。

最好的管理方式是不用管理，这是老子的道德哲学。企业只有在实现"自运营"的成熟状态下，才能把管理者从繁杂的事务性工作中解放出来。

老子把管理者分为以下四重境界："太上，不知有之；其次，亲而誉之；其次，畏之；其次，侮之。"

最好的管理方式是大家感觉不到它的存在。法治让人们的行为统一，心治让人们的思想统一，无为而治使企业实现了春夏秋冬一般的四季自然更迭。处于这个发展阶段的企业，即使遇到问题，也会根据流程自动升级；遇到危机，也会遵循危机管理的流程沉稳应对。优秀的公司不是不会遇到问题，而是在遇到问题时有一种自动应对的免疫机制。

优秀的管理方式如空气，你感觉不到，但它却无时不在。当你需要它的时候，它就在身边。实际上，无为而治是企业在系统建设方面持续投入时间、精力和资源后得到的溢价回报。如果没有完善到位的优质流程作为根基，无为而治不过是"冒险"和"找死"的代名词。

从管理的角度看，成熟的公司多为赋能授权模式，实现了自运营管理。

- 流程的成熟度越高，授权的幅度越大。
- 人才的成熟度越高，授权的幅度越大。
- 整个公司自动运转，系统制约系统，环环相扣，唇齿相依。

不是每一家企业都能达到无为而治的终极管理境界。优秀企业的无为而治是"有所不为"且"有所为"，具体含义如下。

- 持续迭代流程，持续关注客户需求的改变、竞争者的创新实践。
- 围绕新产品、新服务继续完善流程。
- 每隔两年裁员一次，保持组织活力和竞争力。
- 猎头高级人才，通过鲇鱼效应促使组织变革。
- 保持建设性的焦虑，焦虑是前进的动力。
- 领导者的大量时间不是用于督导工作，而是用于督导流程。

- 持续变革，扩大竞争优势。
- 腾出时间，关注新领域。

打造不依赖于能人的执行体系

按照拉姆·查兰（Ram Charan）的观点，组织的执行力要回答"谁来做""做什么""怎样做"这3个问题，那么对应的理论描述就是执行体系中的3大核心流程——人员流程、战略流程和运营流程（见图1-3）。

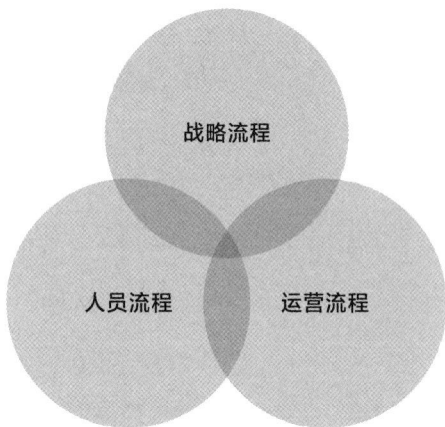

图1-3 支撑执行体系的3大核心流程

人员流程：执行的主体

人员流程是组织执行力的主体。它至少包含3大要素：人才的衡量标准、人才的培养路径和人才的评价体系。

大多数企业都有这样的经历，把做得最好的技术人员或业务骨干晋升为经理人。实际上，优秀的业务员不见得会成为优秀的管理者，因为这两个角色所需要的能力结构是不一样的。成为业务高手用的是技术技能，成为管理高手则需要人际技能。同样的例子还有，一位人力资源管理方面的佼佼者未必能够胜任大区经理这样的管理岗位。因为职能部门和业务部门既有相似之处也有不同之处。这需要企业从自身战略需求的角度出发，确定重要岗位的关键能力构成。

关于人才的标准需要企业管理者摒弃模糊思维。当年我在某集团工作时，公司上下津津乐道的三颗心是"高层领导要有事业心，中层需要有上进心，基层员工需要责任心"。我认为这样的描述其实是模糊的，且不具有可操作性。理想的描述应该是高层的事业心分为哪几个层面的能力，我们如何定义能力标准，如何培养相应的知识和技能，怎样评价它们是否达标。

表 1-1 是某跨国公司基层主管的胜任力模型。

表 1-1　某跨国公司基层主管的胜任力模型

胜任力类别	具体描述	目标等级
核心能力	对变革的开放接纳	2
	有效的沟通	2
	不断学习和进取	3
	顾客需求	2
	追求卓越	2
	令自己和他人保持责任感	3
	解决问题及创新	2
	团队合作	2
	重视及尊重他人	2

（续表）

胜任力类别	具体描述	目标等级
领导能力	教练和发展	2
	最大限度地改善业务表现	1
	最大限度地改善团队有效性	2
	策略性观点	1
专业能力	区域管理	3
	重新赢回顾客	3
	决断力	2
	财务概念	1
	食品成本系统	3
	收集信息并予以利用	2
	效果及影响力	2
	运用资源	2
	当地餐厅市场推广	2
	管理保险责任	1
	磋商及矛盾的解决	2
	营运效率工具	3
	营运专业技能	3
	认知计划	1
	餐厅／食品安全和保安	3
	值班管理	3
	人员配备与保留	2
	恰当地运用科技	2
	产品及服务供应商之管理	2

注：1代表基本水平；2代表进阶水平；3代表专家水平。

　　当前，人员流程的共性问题是注重眼前而非未来。企业培养一个人的能力不是基于当前的任务，而是能不能面对明天的挑战。很多经理人虽然能够很好地处理当下的问题，却无法将自己的部门成功地带到下一个发展阶段。优秀的企业更愿意采取前瞻性的学习策略，当员工还是一名基层主管时，企业就开始培养他进入下一个职位——中层经理所需要的核心能力。

成功的人才培养路径可以分为以下 4 个阶段：学习、见习、实习、胜任。

- 学习的是知识（课程体系）。
- 见习的是技能（观察前辈的行为）。
- 实习是自我能力展示的良机（有教练指导）。
- 鉴定合格后，被培训者才能成为一名合格的、有胜任力的经理人。

实际上，人才的评价体系贯穿于一个人职业生涯的始终。招聘、培训、绩效管理、升迁甚至淘汰一个人都需要参照标准。对个人来讲，不是领导想要开除你，是因为你的业绩没有达标；也不是领导想要栽培你，而是你已经展现出可以胜任的能力。

战略流程：执行的方向

战略流程是组织执行的方向，它解决的是"明天我们要做什么"的问题。为什么战略流程要排在人员流程之后？因为万事人为先，如果没有优秀的人才，那么再好的战略也会胎死腹中。很多项目往往因为没有恰当的人选，所以领导者只能放弃。

战略目标可以简单地概括为 3 个方面：**获客、创造持续的竞争优势、获取足够的回报**。我将这 3 个方面称为"有客、有力、有回报"。当然实现战略的过程要远比目标复杂。完整的战略体系至少包含五大流程：战略制定的流程、战略分解的流程、战略执行的流程、战略评价流程和战略调整的流程。

不要把战略管理理解为年底的繁忙，实际上它贯穿全年。企业领导者不仅要组织制定战略，还要推动战略、督导战略落地。

制定战略时，领导者需仔细审视以下 6 个问题。

- 谁是我们的主要客户？（重新界定客户的需求）
- 谁是我们的主要竞争者？（洞察市场趋势、机会及威胁）
- 如何衡量目标完成情况？（界定关键业绩指标和阶段目标）
- 企业是否具备实施战略的能力？（包括领导力和执行力）
- 如何平衡短期利益与长期利益？
- 有哪些不确定因素让你夜不能寐？

IBM 的业务领导力模型（business leadership model，BLM）是一个完整的战略规划方法论（见图 1-4）。

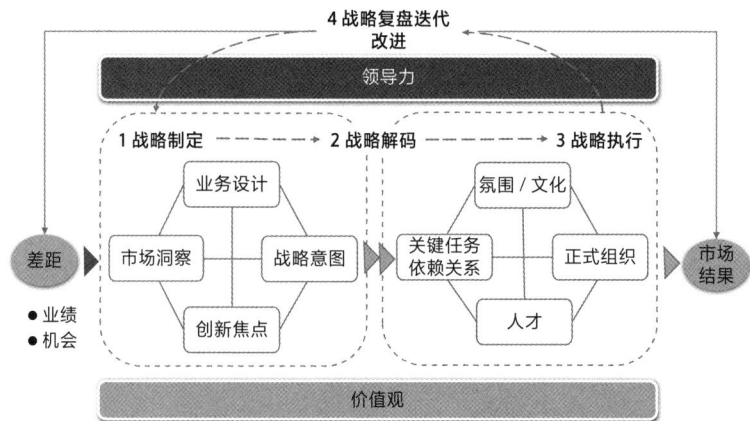

图 1-4　IBM 的业务领导力模型

"谋定而后定"，先说战略制定，它具体包含以下 4 个环节。

- 战略意图：战略规划的起点。
- 市场洞察：通过对行业趋势、目标客户、竞争对手的深度分析，找准哪里有机遇。
- 创新焦点：实际上是如何获得企业内部的持续竞争优势。
- 业务设计：基于前面分析的输出成果，知彼知己后决定要干什么。

这个模型突出了基于客户需求和竞争分析后的业务设计的底层逻辑，具体包括 5 个环节：客户选择、价值主张、价值获取、活动范围、持续价值增值。

再看看右边的战略执行部分，也分为对称的 4 个环节。

- 关键任务：如果说战略意图是策略的起点，那么关键任务就是行动的起点，是行动坐标。关键任务可以包括产品研发、技术突破、营销模式变革等。
- 人才：强有力的团队成员，注重承诺。
- 正式组织：帮助强化团队的协同力，组织资源配置。
- 文化 / 氛围：环境中的软力量。

BLM 兼顾了战略规划与战略执行，兼顾了内部分析与外部洞察，兼顾了心（文化）、脑（策略）、手（行动）的协同，更方便企业将战略落地。

运营流程：执行的方法

运营流程是组织执行的方法。运营流程是指导人们如何落实战略行动的方法，无论战略任务的分解还是日常重复性工作，都需要更为具体的运营流程。

很多企业管理者擅长发表激动人心的演说："我们将在未来 3 年内实现每年 50% 的业绩增长。"如果你继续追问有哪些具体措施来保证业绩增长时，他们会说"我们会努力的"。

有效的运营流程实际上是全方位的流程升级和执行，具体包括以下方面。

- 财务流程：全面预算管理流程、资金管理流程、对账流程。
- 生产流程：生产计划流程、排产流程、模具管理流程。
- 销售流程：开发新客户流程、老客户运营维护的流程、订单管理流程、回款流程等。
- 设计流程：产品研发流程、打样。
- 服务流程：产品退换货、客户接待流程、客户投诉处理。
- 采购流程：开发供应商流程、供应商资质评定、产品分析会流程、谈判流程。
- 人力资源：招聘、培训、升迁、绩效管理都是流程。
- …………

应该说，有些企业产品合格率不高、服务水平参差不齐，究其原因在相当大的程度上都是与流程或流程的执行有关。首先，流程品质不高，如未经切割、标准模糊的劣质流程；其次，流程执行不到位。如果设计流程本身就不合理，那么如何生产出有竞争力的良品？

我在课程中指导过一些电商企业现场做流程，问电商怎么赚钱？

对方答：四个步骤搞定。第一步，搜索网络上的人气爆品；第二步，买来样品；第三步，分析、分解再高仿（管它仿冒水平怎么样）；第四步，卖货收钱。

这样的低成本运营无异于偷窃。只模仿、不做价值创新的电商短期内也许会赚钱，但在国际和国内市场上没有人会喜欢这样"不劳而获"的商家，这样做最终受损的是品牌、声誉和市场。

最后，我们把三大核心流程组合在一起，实际上就更容易看清企业执行力的全貌。人员流程是执行的主体，是发起人，谁来做（who）；战略流程代表执行的方向，做什么（what）；运营流程是执行的方法，是行动指南，怎样做（how）。三大流程的交会点就是组织的执行体系要点。

决定执行力强弱的不是员工，员工不可能对执行体系负责，能够驾驭执行体系的只有企业管理者。组织执行体系强大与否，70% 取决于流程，30% 取决于团队。

第二章

左手流程，右手人才

成功的企业，离不开先进的流程和优秀的人才。何
谓人才？人才一定是掌握了流程的人。人才不同于
前文所说的"能人"，能人是百里挑一的少数存在，
人才却是用流程批量复制的各岗位人员。

人 + 流程 = 人才。

人才和流程，哪个更重要

人才与流程的关系，就像驾驶员与导航仪的关系。人才靠流程武装且依赖于流程。流程成熟度高的企业将会降低人才流失给企业带来的负面影响；同时，人只有在流程的指引下才能减少犯错的机会。企业需要持续地优化流程，确保流程能符合当下客户的需求。少数人栽树浇树，多数人遮风避雨；少数人设计流程，多数人应用流程。

刻意练习流程，方能成就人才

人因为不断练习流程而成长，直至融会贯通。流程好且练习到位，人才和企业的成长才能获得更好的发展。

管理者推动流程，流程复制人才

流程不断复制出的优秀人才会以捍卫流程为己任。在强大的流程潮面前，员工逆流程而动，会阻力重重；顺流程而动，则顺风顺水，省时省力。流程会演化为企业人才培养的工具，成为企业运营的规范指南，成为企业管理的基因，最终成为企业文化的载体。只有人才和流程互推互助，企业才能欣欣向荣、生生不息。

我们可以把人才与流程之间的关系总结为：好流程，人才造；好流程，造人才。好流程，人推动；好流程，推动人。

铁打的流程，流水的人才

毫无疑问，人才是企业永恒的竞争力。企业管理者可以扪心自问：人才好招聘吗？人才好培养吗？人才留得住吗？其实，人才也靠不住，企业需要的不是人才，而是人才辈出的机制和系统。

人才难招是事实，好不容易高薪招来的人才干了没多久就辞职了，投入心血培养出来的人才单飞了。即使企业提供一揽子福利，员工们想跳槽谁也拦不住。这种现象几乎是所有企业面临的难题。

面对人才高流动性的现状，企业管理者能做的事情就是减少对人才的过度依赖，增强人才快速复制的能力。人才复制和流程之间又有哪些关联呢？

流程可以做到大面积地复制人才

从平凡到卓越的差距在于企业是否拥有一流的流程，员工是否进行刻意练习。人才在某个领域做到优秀时会不断地被分流，此时企业需要提前做好应对"人才流动、人员流失"的准备工作。面对人才流失，企业唯一的办法就是不断地复制人才。优秀的企业会建立企业大学，通过系统复制人才强化团队。其实，很多领域内的优秀企业都是在输出管理系统，如万豪酒店、通用电气（GE）。

流程可以做到快速复制

所谓"简单的事情重复做是专家"，是指员工将流程重复执行到最后就可以熟能生巧，成为专家；所谓"重复的工作用心做是赢家"，是指一种企业文化，员工能在工作中用心做一定是企业价值观的持续投入。麦当劳复制一个岗位流程只需要一两天就能完全符合标准。这是因为它不仅拥有一套成熟的流程，还有一套成熟的教练体系。没有流程的企业，所谓的带教方法仍然是老套的经验化教学。教练不会教，学生怎么可能学得快、学得好？

流程可以做到精准复制

有流程的企业，员工会接受标准的工作培训，生产作业、服务质量标准化，整个团队形成标准的生产线；没有流程的企业，员工的工作全靠自觉，整体水平良莠不齐，整个团队犹如一盘散沙；有顶级流程的企业，员工高质量、持续创新，整个团队更像特种部队，三者之间的差别不言而喻。有些传统的经验化企业甚至找不出几个优秀的训练员，员工的整体水平较低，让那些未经职业训练的员工"带病"上岗，生产质量、服务水平跟不上。

流程可以实现一人多岗

麦当劳的新员工每个月至少熟练掌握 3 个工作岗位的工作内容，这被称为 "3/30 计划"。如果你有足够的学习能力和学习意愿，甚至可以一个月内通过 10 个工作岗位的考核。我在辅导某公司的财务流程时，一名优秀员工可以一周通过 4 个工作岗位的考核，进行岗位验收时手到嘴到，非常熟练。一人多岗的优点包括：员工成长速度快、多岗位工作的趣味性、有利于留住人才、降低人员成本、减少对员工的依赖、员工可以随时调岗补位、不同岗位的员工相互理解和配合……多么妙不可言的工作设计。试想，如果一个人天天都在收银台前工作，他（她）能坚持几年？

有道是，铁打的流程，流水的人才。每位员工都可能离职，企业应该把优秀的流程执行到底，这样就可以随时再造一支铁军。管理者必须尽早适应员工频繁跳槽的现状。企业经营如同一辆运行中的高铁，每一站都会有人上车、有人下车，此为常态。上车的人要欢迎，给他们流程；下车的人要欢送，感谢他们曾经的共事和付出。

制度减肥，流程增肥

人们对现代企业的规范化管理似乎已经达成共识，但很多企业的管理者往往误以为规范化管理就是制定完善的规章制度。我们有必要区分这两个关键词：流程和制度。

在我的课程现场，学员们通过研讨，对流程和制度做出了很多有价值的区分，具体如下。

- 流程是用来做事的，制度是用来管人的。

- 流程是做事的步骤和行动，制度是奖励和惩罚的标准。

- 流程是导航仪，引导你如何到达目的地；制度是摄像头，一旦发现违规，就会扣分罚款。

- 流程是动态的，可以随需调整；制度是静态的，短期内制度条款不会变化。

- 流程是避雷针，遵照流程执行，新手也不容易犯错误；制度提醒你什么事情不能做。

- 流程可以快速培训新人，避免做错事而受到制度的惩罚。

- 流程的目的是为下游客户创造价值，制度更多的是奖励或制约员工本身。

  ………

实际上，流程和制度都属于规范化的范畴。二者的区别在于，优秀的公司用流程管理，避免人们犯错误，同时尽量避免动用奖惩制度。

奖励过多会导致员工为奖励而工作，比如高提成会导致员工忽视客户满意，过度追逐奖金。惩罚过多同样会滋生组织的消极情绪。

成熟的企业很少动用制度，它们更多地运用绩效管理体系、科学的晋升标准，这些都属于流程的范畴。就像麦当劳公司几乎在所有领域都拥有优质的流程，如选址流程、开店流程、运营流程、人员的招用育留流程、财务管理流程、食品安全流程、供应链管理流程等，却很少看到麦当劳的制度汇编。

流程增肥，大家很容易理解，那么为什么制度要减肥呢？

张小峰博士曾以"六高六低"[①]总结 95 后新生代员工的特点。

"六高"：高智商、高学历、高压力、高收入、高自我认知、高行业流动。

"六低"：企业认同感低、组织归属感低、权威服从意识低、职业瓶颈现象低、物质激励效果低、重新择业成本低。

面对新生代员工，制度还能帮助企业有效地与员工共情吗？除了制度，管理者还有更好的选择吗？我们来看看麦当劳的做法，麦当劳有"弃制度"的 3 个做法，具体如下。

- **流程代替制度**。在麦当劳，员工的业务能力有多种评价方式，包括晋升、绩效考核和工作检讨模式，一套完整的绩效管理体系包括目标制定、目标执行、目标修正、绩效评估。此外，奖励个人或团队，也可以按流程申报、评奖，每件事都有完善的标准，就像奥斯卡、金球奖一样，有评委、有规则。这种评奖不取决于决策者个人的好恶，而是公开透明的规则和流程。

- **文化代替制度**。文化是拉力，制度是约束力。文化的意义在于提前引导，在麦当劳的员工手册里，没有任何奖励金钱或罚款的制度，也没有诫勉、警告、开除等内容，而是代之以温馨的提示，比如"以下是值得鼓励的行为，以下是我们反对的行为"等。

- **辅导代替制度**。如果发现员工有不得体的行为，如导致客户不满意、员工关系不和、工作绩效下降等，管理层

---

① HR 赋能工坊.管理者必知：新生代员工人才画像"六高与六低".[EB/OL]（2022-01-24）.

通常会选择工作辅导。辅导是改变员工行为的有效手段，我会在后文专门谈辅导的 6 个步骤。

如何把制度转化为流程

20 年前，我接手一家地区公司的总经理职位，一上任我就遇到了一个棘手的挑战。公司数百名员工中有 17% 的迟到率，而且包括一部分企业高层管理者。我有两个选择，用考勤制度进行奖惩或者自建考勤流程。

当年的考勤制度并不健全，还没有现在的电子扫描信息系统，只能外购足够的考勤机器，派人盯班。我能想象动用考勤制度的一连串管理成本和后续的麻烦：打卡机坏了、排队时间过长、统计时间不准、扣钱不对、员工各种抱怨……一句话，实施考勤制度的物质成本、时间成本、管理成本都很高。

所以我选择了创建考勤流程，果断开展了以下 4 项行动。

- 总经理每天"欢迎"迟到的员工。连续 15 个工作日，我坚持每天早晨 9:00–9:30 在公司唯一的入口等待所有迟到的员工，不做任何迟到记录、不扣工资、不责骂。我只想传递一个信息：新任总经理很在乎工作风气，也有足够的耐心等待大家改变。后来，我会每天邀请不同的高管陪同我一起"欢迎"迟到者。企业管理流程的变革需要高层管理者的广泛积极参与。
- 统计考勤记录。所有迟到员工必须在前台登记，包括姓名、所属单位、当天到岗时间、备注（如拜访客户，并经过批准）。月初，由人力资源部门统计各单位的迟到率，递交给总经理。

- 辅导问题单位的管理者。根据考勤记录，我会辅导问题单位的管理者，遵循辅导步骤，确认问题、分析原因、询问改进方案、追踪改善结果。之后，这些问题单位的管理者会以更严厉的方式要求下属改善，并主动向我汇报成果，这正是我追求的结果。
- 追踪成果，承认并赞赏他们的进步。好消息不断传来，公司员工的迟到问题每个月都有改善。仅仅3个月，员工的迟到率降低到可以接受的1.3%，考勤问题已经从管理问题清单中被剔除，不再成为主要问题。

多一些认可，少一些责难；多一些流程，少一些制度。流程更多的是对过程的完美负责，而制度更多的是对结果负责。很多企业从来不缺少形形色色的规章制度，缺少的是优质的流程。

流程优化是企业进步的阶梯

在企业管理和工作中，企业管理者经历的困难可以转化为企业前进的推动器。当工作出现问题，只要问题能通过流程得以优化，那么问题就是进步的基础。有道是"他错我改"，工作中犯的每一次错误都为优化流程提供了机会。有问题就迭代流程，就像手机的软件系统一样，面对黑客木马的无数次骚扰，随时优化升级。

对企业来说，流程的价值体现在以下3个方面。

- **流程是导航仪**。规范的流程可以帮助我们"高品质地做事"。在没有导航仪的年代，我们每出一趟远门都要提前做足功课，向有经验的老司机请教，唯恐错一步、差千里。有时，再丰富的经验也抵不过导航仪，即便老司机也会产生经验化的错觉。另外，面对实时变化的路况，老司机未必能准确地预测前方堵车，但是导航仪可以根据实时数据为驾驶员提示前方路况。依据导航仪行驶，没有人会犯错误，大家都可以不绕弯，选择最优路线，顺利到达目的地。

- **流程是复印机**。用流程可以批量复制优秀员工，做到快速、低成本地复制。一个月学会多个工作岗位的内容绝不是什么奇迹，而是普遍性行为。

- **流程是测量尺**。标准化的管理可以针对一个人的能力进行评级，就像围棋、钢琴、跆拳道、普通话水平分级，可以对能力和绩效进行量化。只有拥有规范化流程的企业，才能对员工进行相对精确的绩效考评和人才评价。

我们以沟通能力评价为例，表 2-1 列举了某企业员工沟通能力评价表。

表 2-1　某企业员工沟通能力评价表

能力分级	基本要求	行为标准
基本水平	• 达到本能力项的规定要求 • 能够在指导和监督下进行工作	• 清晰地进行沟通 • 用清晰、明确的方式陈述或写出自己的观点 • 一个优秀的聆听者，在做出反应之前，应先理解他人的观点

（续表）

能力分级	基本要求	行为标准
进阶水平	• 超越本能力项的基本水平的既定期望 • 能够独立运作，或在大多数情况下通过他人完成运作	• 有效沟通复杂或棘手的信息 • 简化复杂的条例或信息，与他人沟通，而不是强加于人 • 用开明直率的态度对待他人 • 寻找有效的途径，探讨棘手或敏感的问题
专家水平	• 通过展示专家水平的能力，在团队或公司内产生广泛影响 • 能够独立和 / 或教练他人在复杂情况下完成任务	• 能在众人面前扮演有说服力、有影响力的沟通者 • 积极聆听，发挥洞察力，仔细阅读书面材料，寻找一种适合特别情况或听众的沟通方式 • 不仅能熟悉听众的见解，还能赢得他们即刻行动的承诺、支持和自发精神
战略型领导水平	• 展示并表现战略型领导风格，从而对企业产生长期的影响 • 创建一流的系统，加强本公司在行业的领导地位	• 在与系统内外部的重要合作者打交道时，惯性地采用进阶的沟通技巧 • 强调沟通技巧对本系统的价值和重要性，并采取具体措施予以加强 • 不仅关注结果，还要让所有有关人员了解事态的发展、对他们的期望及原因

　　用可量化或行为化的标准对人才进行评价，既是对人员能力结构的统一要求，也提供了人才培养的标准，由此，人才评价和晋升体系才能体现公平性。

　　在星巴克，20 岁的员工与 50 岁的员工调制出来的咖啡是一样的。在麦当劳，性子急的和性子慢的员工做汉堡包的速度可以一样快。流程有一个绝妙的好处是，管理层可以面对差异化的员工实施规范化管理。无论年龄、教育背景乃至性格的差异有多大，所有人都必须无条件遵循流程。差异化的是个性，共同遵守的是流程。

拥有成熟流程的企业，甚至可以彻底地把管理者从繁忙的事务中解放出来。流程的成熟度与管理者的授权程度成正比，与管理者的管控程度成反比。流程越成熟，管理者放手的机会就越多。对于一家优秀的企业来说，管理者平均每年有超过 4 个月不在公司，一直在外开会、学习等，公司的日常管理应该不会受到什么影响。现实情况是，有太多的企业管理者需要"留守看家"，以至于没有时间外出参观、学习和互动交流。

企业对能人的依赖在一定程度上削弱了企业对流程的重视度。

人才管理的河流原理

如何看待企业中的人才进进出出？管理者对待人才的态度，应该是"河流论"而非"水库论"。

河流论的基础是有进有出原理。企业发展的大势浩浩荡荡，如大江东去，沿途有支流进，也有支流出，最终都汇入大海。这里的水就好比人才，大海是企业愿景。流水不腐，户枢不蠹。人才本身在流动中因见多识广而受益，企业在人才分流中也可以实现优质人才的新陈代谢。

水库论的基础是蓄水原理。企业的人才不能只进不出，如果企业中高层管理者长期保持不变，容易导致企业出现新陈代谢慢、思想僵化保守、缺乏新鲜血液、变革动力不足等难题。保守的人员一旦占据主导地位，优秀的革新人才将会无法发挥优势，直到流失殆尽。这就出现了劣币驱逐良币的被动局面。面对中高层人员不作为的状况，企业应该通过合理的淘汰机制，留住人才，淘汰庸才，保持企业活力。

总之，企业应采取适当的人才分流政策，即使主张河流论也要强调有序性，遵循"优者进、良者留、劣者走"的原则，什么人进、什么人留、什么人走要有依据，依据就是机制、是流程、是标准。如果企业中的招聘流程成熟、绩效体系到位、激励和升迁公平、淘汰机制跟得上，就会出现优胜劣汰的良性循环。

人才的内部培养和外部招聘

人才从哪里来？成熟的企业以内部培养为主体，外部招聘为补充。内部培养的好处是工作流程一致、企业文化一致，人才之间的相融性高，可能引发冲突的因素较少，协作氛围好，可以有效降低管理成本。既然内部培养人才的优势这么明显，为什么企业需要外部招聘呢？这就是鲇鱼效应，吸引更优秀的人进入企业，会突破现状，增加良性冲突的机会，领导变革，从而实现优秀向卓越的过渡。这里强调一点，冲突本就是一个中性词，面对积极行为，大家高度一致；面对问题，鼓励冲突再造。所以，适当且积极的冲突对企业发展有益。

留下的是金子，淘走的是沙子

绩效管理体系和晋升机制将确保优秀的人获得更多的机会和良好的待遇，并且会营造一种积极向上的良性竞争氛围。

机制留人才，而不是感情留人

如何留住人才，靠拉感情之类的做法并不是不可以，而是非本质行为。在此，我分享一下个人的一些管理方法。

第一步，多渠道收集下属的需求。员工满意度调查、员工座谈会、绩效面谈、每月一次的沟通日、日常交流、员工离职访谈等都是收集员工想法的好机会。员工满意的是什么？员工希望公司改进的是什么？员工因为什么而留下来？过去的一年中，员工离职原因中排名前三位的是什么？总之，企业先要找到员工当下不满意的因素。

第二步，针对需求，制订激励计划。区分层级，区别激励，各级管理主要对接直接下属。这些激励计划既可以针对团队，也可以针对个体。激励的原理不变，方法要常变常新，包括目标激励、个人成长激励、评选个人贡献奖、需求激励、增加信任和授权等。

第三步，策划细节并行动。激励就像一场盛会，要有开始，要有结束，有高潮，有感动，有趣味性，有差异化。

第四步，复盘并沉淀经验。复盘整个激励过程，找到优点和机会点，总结经验，沉淀为流程。管理者要扪心自问："这一年，我们创造了哪些激动人心的激励活动？我们浪费了什么？收获了什么？"顺便补充一句，企业需要有一套激励计划和预算。激励是一套体系，而非决策者心血来潮的行为。

机制淘沙子，而不是看人不顺眼

麦当劳刚刚进入中国市场时，公司制定的员工考核标准是，绩效分值达到 93 分以上定义为"杰出员工",第二年的薪酬会相应增加 10%~13%;绩效分值在 86~93 分(含)的为"优秀员工",第二年的薪酬会相应增加 7%~9%;绩效分值在 76~86 分(含)的为"良好员工",第二年的薪酬会相应增加 4%;绩效分值在 66~76 分(含)的为"需改进员工",第二年的薪酬不加不减;绩效分值在 66 分及以下的定义为"不满意员工",立即淘汰。淘汰要有标准,方能公平公正,对事不对人。

按能力标准升迁人才,而不是忠诚度

两个绩效评级差不多的员工,升迁的为什么是他而不是我?其中依据就是晋升的能力标准。不同职位和岗位有不同的能力标准,采购经理更需要具备沟通和谈判能力,销售经理则更需要具备对客户需求的诊断和促单能力。

总结来说,企业对人才的管理应遵循河流论,主张有进有出有留。河流管理模式遵循规范而非情感。既然是流水的人才,何不顺势而为?

企业竞争的 3 个层级

根据企业核心竞争要素的不同,我们把企业竞争大体可以分为 3 个层级:竞争利润、竞争人才和竞争系统(见图 2-1)。

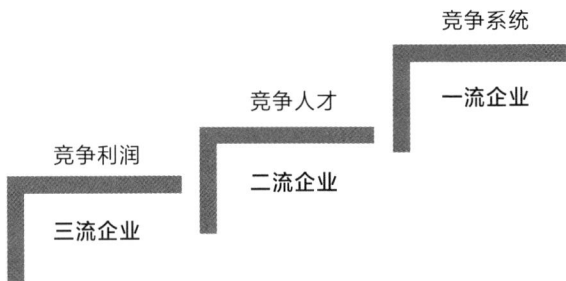

图 2-1　企业竞争的 3 个层级

竞争利润

企业在初创阶段通常会重视现金流和盈利能力，企业的目的是追求利润最大化。带着这样的思维，企业必然存在短视行为，过度关注成本、现金流和利润，追求用最少的成本获得最大的收益。这样做无可厚非，遗憾的是，这种作坊式的思维方式本质上是利己行为，是不可持续的。它忽略了企业存在的真正意义是为客户创造价值，通过价值最大化实现利润合理化，再通过持续投入，不断为客户创造价值，这才是利他、多赢、可持续的组织竞争力。

企业不应追求短期的利润回报，而应追求持久的价值创造。价值最大化的重要前提是拥有最大化的人才价值，只有训练有素的人，才能设计、生产、销售对客户有价值的产品和服务。所以，企业利润的源头是人才，得人才者得利润。

竞争人才

优秀人才往往集中在大城市，因为大城市的工作机会多、收入高、生活配套全等，而商界英才往往集中在优秀的企业。换句话说，优秀的企业是优秀的人才创造的，一流大学也是由一流的教师和学生组成的。优秀的企业拥有高素质的人才、众多优质的培训资源、积极公平的用人机制、有孵化人才的软环境等。

很多顶级公司都拥有自己的训练中心和企业管理学院，就像麦当劳公司，在全球拥有 7 所企业大学，为世界各地的店长或以上干部提供晋升下一个职位所必需的能力培训，只有那些管理过 10 家连锁店的运营督导才能担任汉堡包大学教授。麦当劳把人看作企业唯一重要的资产。麦当劳大学每年培养数以千计的店长或更高级的经理人，以适应企业全球化快速发展的需求。麦当劳大学拥有一流的硬件设备和配套设施，可以同时提供 40 多种语言的同声传译服务，其教学内容能够为学员提供终生受用的价值哲学和技能，是美国教育部最早承认学分的企业大学。

我曾有幸 5 次进入麦当劳大学接受培训，学习高级营运课程、督导课程、训练技巧课程、市场课程和大区经理课程。通过"学习＋见习＋实践"模式，我的知识水平和业务能力都获得了飞速提高。7 年间中，麦当劳为我的成长投入了超过数百万元的培训费。优秀的公司是真正舍得为人才的成长而投入的。

竞争系统

人才在企业之间会不断地流动，要么主动离职、要么被动被裁，这些都是常态。这时，企业需要做好应对"人才流动、人员流失"的准备工作。

优秀的公司都有优胜劣汰机制，从不裁员的公司容易新陈代谢不佳。人才的状态随时间、空间而变，今天你是人才，3 年后可能就落伍了；你在这个部门是人才，换个项目来做，很可能就是个失败者。简单说，人才不是永恒的，而是动态的变量。

既然人才会流动，再造人才又靠什么呢？靠的是人才培育系统。讲师的选择、培养、更换、评估是系统；教学材料的文本、演示文稿、信息单、案例库是标准；教学方法的多样化呈现技巧是系统；什么样的雇员听什么样的课有标准；课堂之外的教练技巧是流程；学员的能力鉴定也是标准表格。总之，企业只有建立竞争系统才能复制人才。

利润增长靠人才，人才辈出靠系统。企业要建立健全系统，用系统复制人才，依托人才为客户创造价值。

流程化基因的核心价值

我们从客户视角、员工视角及企业视角3个方面梳理一下流程化管理的核心价值。

客户视角

- 标准化的流程可以为客户带来一致的体验。
- 客户可以在任何时间、任何地点享受同样的产品和服务。
- 客户可以参与监督企业的服务和管理，如神秘顾客调查。
- 客户评价有据可循，如客户满意度调查。
- 客户可以提前预知或期待即将接受的服务过程。
- 目标客户可以参与新产品开发的若干环节，贡献有代表性的意见。
- 流程会极大地提升客户的满意度。

员工视角

- 流程为员工提供了最佳的执行工具，如同司机配备了导航仪。

- 流程为员工的学习提供了全方位、高品质的学习教材，告别了口口相传的经验模式。

- 流程令员工的成长速度更快，快速实现"一人多岗"。

- 流程为教练提供了最佳的教学教材，避免"教一手留一手"。

- 流程为管理者提供了最佳管理工具，考核员工有了统一的标准。

- 流程面前，人人平等，可以为企业营造公平管理的商业环境。

- 对每个层级的员工来说，流程既是指导工具，又是约束条款。

- 流程管理的最高境界是层层授权，解放管理者。

企业视角

- 流程统一了工作标准，提升了产品质量和合格率。

- 流程避免了返工和缺陷，降低了成本，稳定了交期。

- 流程让服务环节由模糊变成了透明，客户可以为服务打分。

- 流程复制是企业稳健扩张的最佳模式，如连锁复制、兼并整合。

- 用一套系统武装所有的分支机构，既降低了管理的试错率，也降低了管理成本。
- 流程化的管理基因令企业可以持续保持竞争优势。
- 流程化的基因令企业少走弯路，更稳健、更长寿。
- 流程成就了客户对企业的美誉度和忠诚度。

案例 1：流程化组织的中国典范——华为

至今很多人仍然拿当年的"华为基本法"说事，今天看起来那只不过是规范化的一次启蒙，更多的是具有象征意义。华为真正的进步是在战略性地引进了 IBM 等 15 家国际主流的咨询机构之后。从战略规划到产品开发，从人力资源到财务管理，从信息化建设到大批引进国际化人才，华为是中国企业中在咨询方面投入最多的公司，当然也是咨询成果最丰硕、国际化最彻底的公司。

20 多年来，华为从 IBM 等 15 家咨询公司中获得了经验之外的很多价值，一举缩小了它与世界级公司的管理差距。实际上，华为成为流程型组织的典范不在于它究竟花了多少钱，而在于其理念和行为的迭代更新：强调未来的竞争依靠的是管理的进步；企业管理的目标是流程化组织建设；建立从客户中来到客户中去的流程化组织；强调管理体系的简单实用和灵活性；用端对端的流程体系提高运营效率；用市场创新的流程体系快速推出高质量产品；创建敏捷的供应链体系和支付平台；以客户体验牵引服务流程体系的建设；加强战略规划、经营计划预算的闭环管理；建设优质、高效的信息体系，用互联网贯通全流程；数据是公司的核心资产，通晓流程的根本是通晓数据；信息安全关系到公司的生死存亡；流程变革的关键是落地……这些系统管理理念早已跳出了中国老一代企业家的经验管理思路，标志着华为率先彻底地从"精英治理组织"过渡到"流程型组织"。

华为可供中国企业借鉴的经验有很多，具体如下。

第一，华为真正理解了外脑的价值与边界，认识了自身经验的缺陷和边界。经验最丰富的士兵不见得掌握最系统、最先进的兵法。华为的经验仅仅是一家之言，国际咨询巨头却整合了无数跨国公司的先进方法论。即使某个企业是行业巨头，其经验仍然不敌咨询机构在某个领域的前瞻性、系统性和创造性。

第二，尊重咨询师，让咨询师融入，管理咨询师。当咨询师初进华为时，年轻气盛、师出名校的工程师大多抱有批判的心态，而任正非给出的指示是，一切听咨询师的，不服从、不听话、耍小聪明的，从项目组中开除。常年在华为服务的咨询师实际上完全融入了公司，深度了解华为，对华为有强烈的归属感。所有咨询师从入场到离场都有流程管控，如考勤管理、请假流程、会议预约、项目计划、培训交流、过程监督、结果验收、复盘总结、离场检查。

第三，不谈价格，但求价值。IBM某个单项报价是4800万美元，财务负责人抱怨说："相当于公司一年的利润了，我们还是砍砍价吧？"任正非回应说："你去砍价可以，优秀的顾问不来华为，你能承担项目风险吗？"实际上，华为引进的IBM项目整体投入超过20亿元，面对从不砍价的华为，IBM是怎么回报的呢？当IPD项目实施到关键时刻，IBM大手笔地派出了300位资深咨询师入驻华为，而且都是拥有IBM研发经验的资深经理人。IBM 项目经理手把手、一对一地辅导华为项目经理实施 IPD 过程。此时正值华为研发高层集体出走的危急时刻，IPD 项目不但没有中断，反而加大人才投入力度，以 IPD 体系的力量扛起了华为研发的一片天。这时，华为的元老们似乎一下子明白了咨询项目的深层价值，无不对任正非的决策和咨询师们肃然起敬。实施 IPD 十年后的 2008 年，华为收入增长了20 倍，研发周期缩短近一半，研发成本降低了三成。

第四，内外合力，变革不能单纯地依赖咨询机构。任何变革都不可能假手于人，华为与 IBM 共建团队，成立项目管理办公室，周密部署，监控过程，定期复盘，通过双向互动和交流，咨询顾问看上去更像是华为人，而华为的项目经理很多都成为会讲、会做、会交流的顾问式经理人。多年后，很多离开华为的经理人都进入了咨询产业，活跃在培训咨询行业。这大概是另一种形式的薪火相传吧。

第五，追求短期成果，持续合作共赢。华为的项目管理本身就有一套流程，从立项到验收，华为既要结果又要方法，鱼与渔兼得。一个项目，配套的项目再起，项目和项目连成串，一干 10 年。不仅仅是华为，几乎大部分跨国公司都是与顾问机构长期携手。麦肯锡、五大会计师事务所、奥美广告、李奥贝纳、美世咨询、合益咨询等都是麦当劳的长期合作伙伴。让专业的人做专业的事，是成本最低、价值最大化的明智选择。

案例 2：流程化组织的国际典范——麦当劳

与其跟同行争夺有限的优秀人才资源，不如潜下心来打磨自己的流程。虽然流程本身不一定能帮助企业引来一流人才，但麦当劳用另类的方式把人才和流程联系在一起。它的成功哲学是一流的流程＋三流的员工＝卓越的绩效。

《三十年一亿倍：麦当劳教父雷·克洛克自传》，书中讲述了麦当劳商业扩张的奇迹。

- 1955 年，从麦当劳的第一家店在美国诞生开始，迄今麦当劳已经走过了 60 多个年头，在全世界 120 多个国家和地区复制了超过 40000 家连锁店，是当之无愧的全球餐饮霸主。
- 1992 年，麦当劳挺进北京，麦当劳王府井餐厅成为北京最早也是当时全球最大的麦当劳分店。15 年后，麦当劳仅在北京的分店就已经在不知不觉中超过 100 家。2021 年，麦当劳中国第 4000 家店诞生在温州。
- 迄今为止，麦当劳卖出的汉堡包从地球到月球可以来回 33 趟。麦当劳卖出的薯条足可以填平 28 个科罗拉多大峡谷，平均每天服务全球超过 6000 万名顾客。

麦当劳靠什么书写汉堡包神话？最简单的回答就是，用一流的流程武装三流的员工，同时创造一流的业绩。麦当劳拥有当今世界上最简单、最有效的、最成熟的执行系统，包括麦当劳的供应链管理体系、食品配送体系、运营和训练体系、选址流程、装修设计流程、客户满意体系、品牌推广流程、信息系统、兼职员工管理系统、食品安全体系。

凭借标准化的执行流程，麦当劳实现了令人惊叹的扩张速度，高峰时期平均每 3 小时开一家连锁分店，也就是一天 8 店的速度，成为真正意义上的永不打烊的企业。任何时候，不同的国家和地区都有它的连锁店在开门接待顾客。

麦当劳创造的是汉堡包神话，但它的成功却与汉堡包无关。成千上万的西餐厅以汉堡包和三明治为主要产品，为什么只有麦当劳等少数企业独领风骚？我们只能把它解释为产品相同，管理基因不同。如果你真正读懂了麦当劳模式，就会明白麦当劳在卖汉堡包的背后，其实是在卖一套快餐复制系统——环环相扣的三大核心流程。

- 业务流程：凡有岗位，必有流程。
- 训练流程：凡有流程，必有训练。
- 督导流程：凡有作业，必有督导。

业务流程泛指一切基层业务的岗位操作流程。麦当劳以单店的可复制流程著称。每个连锁店分三个区域，即生产区、服务区和大厅区。生产区的流程包括面包烘烤，煎牛肉、猪排，炸麦香鸡、麦乐鸡、麦香鱼，配料，煎鸡蛋，整理库房等。服务区的流程包括收银，备餐，制作咖啡、热朱古力、冰激凌，点餐、装薯条等。大厅区有桌椅清洁、地面清洁、儿童游乐区清洁、玻璃清洁、灯饰清洁、收餐盘、垃圾桶整理、举办儿童生日会……总之，任何工作岗位都有一套完整的操作流程，包括卫生间的清洁，以及店内一切设备的维护和保养。

训练流程是麦当劳确保每个员工适应任何工作岗位的教练技巧。管理者不能仅仅丢给员工一摞流程，也不能指望员工会自学成才，即使员工会做也不见得掌握了正确的工作标准。麦当劳精选一群训练有素的优秀员工担任训练员，遵循标准的操作流程，运用娴熟的训练技巧，讲给学员听，做给学员看。只需要一天的时间，新员工就可以具备独立上岗的操作能力，而且新员工的工作标准和老员工一样，完全符合麦当劳的规范。

督导流程是保证流程顺利执行并且不打折的有效手段。我曾经担任麦当劳北京、天津地区的营运督导和训练督导。我几乎会把每个月60%以上的时间用于工作巡视、指导和反馈。我会驻足观察新老员工的工作实践是否符合流程、检视月训练计划的执行情况、督查训练员的数量和教练技巧、值班巡视、监视食品安全、督察店内盘点与分差数据，与客户沟通也是最有效的督导手段之一……管理是个非常有趣的过程，督导的目的不是找出员工的错，而是发现员工的优点，并予以正面反馈。

麦当劳的三足鼎立流程管理过程简单且有效，人员流程、战略流程和运营流程三合一，流程、训练、督导三足鼎立，督导计划、过程、结果是流程管理三要素。

管理人员从值班管理、工作巡视、训练员工甚至开会、授权都有一套操作的规范和工具。

在世界各地的麦当劳，每一名员工每时每刻都在践行统一的麦当劳流程。每当看到员工们一丝不苟地规范操作时，都令人肃然起敬，它既是一种行为标签，也是一种文化符号。

强大的组织，不是靠能人，而是靠系统，真正的能人把自己的"能"放在系统的建立、维护和优化上，打造企业一流的执行"准则"。

对于那些准备成长或正在扩张的企业，我的建议是做好流程再复制！

第三章

优质流程的设计

优质流程，不仅是一个个工作环节的逻辑串联，更是能够帮助人们快速掌握工作方法的运营体系、训练体系和督导体系。

- 优质流程至少要符合 3 大特征：简单化、专业化和标准化。
- 优质流程要体现满足客户需求的关键要点。
- 优质流程要收集过往的问题，并全面预防。
- 优质流程要体现用户思维，简单、可操作、可执行。
- 优质流程要体现严密完整的结构。

流程设计的宗旨

　　企业的使命是为客户服务，而流程正是为这一使命而生的。狭义地讲，流程就是实现使命的手段，所以流程的宗旨必然是以客户为中心。凡是客户在乎的，也是流程关注的。

　　业务流程再造需要综合考虑三大要素：一是客户需求，这是流程设计的宗旨；二是效率目标，企业对于人均效能设定目标、合理的成本目标；三是政策法规，企业应根据国家政策、行业规范等制定相应的流程，同时也应关注国际法规。

　　设计任何流程都要首先考虑市场和客户的核心诉求，因为终究是客户在购买企业的产品和服务。企业需要关注的问题包括：今天的客户需要什么，明天的需求会有什么改变，有没有顾客自己还没有提出而企业可以提供的真正令客户满意的其他产品和服务。

　　按照迈克尔·哈默（Michael Hammer）的观点，流程就是将一系列输入转化为对客户有价值的输出的过程。这里有三个关键词：输入、输出、对客户有价值。举例来说，要想生产一杯酸奶，就必须有输入：原材料、设备、水电、冰箱、塑料杯、商标、包装。工厂通过有序的原材料领料流程、生产流程、质量检验流程、包装流程、运输流程、销售流程，最终向客户输出高品质的营养酸奶。

让我们来看一看一代质量大师戴明（Deming）提出的 SIPOC 模型（见图 3-1）。

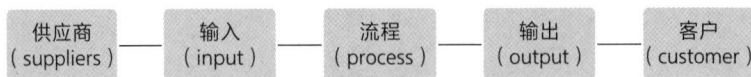

| 供应商
（suppliers） | 输入
（input） | 流程
（process） | 输出
（output） | 客户
（customer） |

图 3-1　戴明的 SIPOC 模型

SIPOC 模型是一个系统图，从右往左看，C 代表客户，O 代表输出，P 代表流程，I 代表输入，S 代表供应商。每个环节相互依存，构成系统。

SIPOC 模型始于目的，没有目的就没有系统中 5 个环节的运行过程。所以，我们说系统中的每个环节互动相依。系统的终极指向是客户需求。不同的企业，因客户定位不同，需求也不尽相同，甚至同一个企业的客户群也有所区别，但我们仍然能够找到一些规律性的东西。一般来说，客户真正在乎的东西主要体现在以下 6 个方面。

- 产品质量：性能、特色、达标率、耐用性。
- 灵活性：数量、不同规格、设计调整。
- 交货速度及可靠性。
- 性价比。
- 服务。
- 关系管理。

SIPOC 模型清晰地告诉我们，客户的终极需求决定了流程的内容、标准、投入、产出。每一项客户诉求都应该被细化为标准和细节放在流程中，这就是基于客户导向的流程设计。

同时，SIPOC 模型也包含反馈，反馈是信息回路。通过手机用户的真实反馈，我们就知道系统设计好不好，系统优化执行得怎么样。没有客户反馈，流程就不会有改善。我们有很多方法可以倾听客户的声音，例如：收集各类客户的抱怨；同一问题的出现频率统计；保证期内的维修需求；一般维修需求；与特定客户主动访谈；客户调查。

我们需要从客户那里了解一些重要信息：哪些东西是客户不想要却得到了的，哪些东西是客户想要却没有得到的。**客户的反馈是流程改善的源头**。

客户有内外之分，对每一道工序而言，下游即客户，上游为下游服务。对上下级而言，下属即客户，下属的需求就是管理者的任务。在管理过程中，管理者应做到：遇下属能力不足，需教练；遇下属动力不足，懂激励；下属会做又能做，要授权；下属缺资源、政策、环境，要尽力满足。企业营造适宜的工作环境，尤其是软环境，人才才会留得住、干得好。所以，收集员工的反馈意见，是改善管理流程的重要方式。

通俗地讲，流程是流动的程序。水一般从上游流到下游，而流程是从上一道工序流淌到下一道工序，直至客户端。

横向来看，企业流程可以分解为物流、人员流、资金流和信息流。

物流：战略规划流程—产品策略规划—产品开发流程—采购流程—生产流程—销售流程—运输流程—售后服务流程。

人员流：战略规划流程—人力资源规划—招聘流程—培训流程—晋升/考核/激励/人员保留流程—离职管理流程/裁员流程/

末位淘汰流程。

资金流：战略规划流程—财务规划—预算管理—资金收支管理—对账流程—报销流程—投资流程。

信息流：网络购物（参考淘宝／京东），浏览—下单—收货—网络评价；打车（参考滴滴），下单—上车—运行中—下车—支付—评价。

所有流程的指向都是为客户服务。这里的客户有两层含义：内部客户，即下一道工序；外部客户，即经销商和终端客户。

要警惕企业流程的官僚化

在现实商业环境中，关于流程设计的指导思想存在两种截然不同的价值主张：为客户服务或为老板服务。没有客户，企业实际上得不到任何东西。要想让客户满意，靠虚假包装、炒作和投机是走不远的，唯一的办法就是基于客户的需求提供优质的产品和服务。

企业管理者要警惕企业流程的官僚化，具体来讲，官僚化的流程有以下3种表现。

一、责任划分不清

官僚化的流程往往是自上而下设计的，即先有组织结构，后有流程。企业中容易出现责任不清、扯皮、好事抢坏事推的现象。在正常情况下，应该是先有流程，再有不同的工作岗位，根据岗位划分，确定组织结构。企业的流程是自下而上的。

二、部门接口不畅

很多企业为跨部门流程而苦恼，表面上看是团队协作不好，本质上是本位主义的积弊。流程化的思维实际上是客户思维，上游的工作服务于下游，所以下游就是上游的顾客，以客户为中心的流程再造就是破除"唯我"思维，实现"利他"思维。解决方法就是不要写跨部门流程，而是直接解决流程的接口问题，下游的需求就是该流程要实现的目标。

三、审批环节过多

为什么需要多环节的审批？因为担心下面的人会胡来；为什么下面的人会乱来？因为没有标准或清晰的预算。如果企业流程不能清晰地描述标准，就会出现对下属忠诚度和信任度的考量，最终又回到用"左膀右臂"的能人困局。解决方案就是在流程中定义每个环节的标准，所有不能达标的环节，下游就可以将其淘汰。不符合财务标准的退回，不符合质量标准的经下游质检后淘汰，直接纳入考核。

以客户为中心的流程再造，将最大限度地规避"唯上""唯我"思维，并实现"利他""客户满意"的价值取向。管理者的责任不是审批，而是监督流程中的标准执行；管理者的责任不是本部门利益，而是客户利益。优秀公司的管理层总是在不断地轮替岗位，这样做的好处是学习更多的业务知识、理解上下游、协作更好、克服惰性。

流程设计的两个来源

从本质上讲，流程管理属于知识管理。如果一个人所具有的丰富经验是其他人不知道的，那么这种经验属于一种隐性知识。隐性知识，只有通过流程路径才能变成显性知识。流程是个人的隐性知识变成群体知道的显性知识的产物。流程是所有人都看得到的，但是知识显性化只是知识管理系统中的第一步，接下来企业管理者还需要在很多关键的领域把流程做好，如人力资源、采购、产品研发等职能岗位的管理者需要清楚各自领域的关键流程有哪些。把关键流程如日常重复性工作变成操作流程，与其他模块的流程结合在一起就会变成一个系统。

流程设计有两个来源：第一，系统分解；第二，日常重复性工作。

系统分解

如果把流程看作一颗颗珍珠，那么系统就是把珍珠串成项链。在这样的基础上，我们可以想象一下企业中的闭环，采购在前，生产在中间，营销在后，最终回归客户变成一个闭环系统。链条中的环节缺一不可。

一个公司的有效运营包含相互依存的各类系统，如战略体系、人力资源开发体系、绩效管理体系、营销系统、新产品开发系统、生产规范、安全系统、质量体系、晋升体系、售后体系、物流体系等，人员不行会影响到战略的执行；产品开发不行也会影响到销售和员工的个人绩效。所以，系统中的各要素是互动和相依的关系。

战略管理也是一个系统，包括战略制定的流程、战略分解的流程、战略执行的流程和战略评估的流程。每个企业的系统分解内容不尽相同，各有倾向，大同小异。

人力资源管理也是一个系统，包括人力规划、招聘流程、人力开发流程、绩效管理流程、薪酬体系、激励体系、员工关系管理；销售体系可以切割为新客户开发流程、老客户运营和维护流程、产品报价流程、订单管理流程、合同管理、回款流程、售后服务流程；采购管理与销售相似，包括潜在供应商的搜索和开发、供应商谈判流程、供应商分级管理标准、产品询价流程、跟单流程、付款流程；财务领域流程包括对账流程、会计流程、资金管理流程、全面预算管理等。

总的来说，系统与系统之间相互依存，流程与流程之间彼此联动。一个大的系统通常包含多个流程，有时流程过大，还要切割成子流程。比如，人力资源体系包含招聘流程、培训流程、绩效管理流程、员工关系流程等，而招聘流程还是过大，就需要切割为校园招聘、社会招聘等不同的流程，也可以进一步切割为简历筛选、面试、录用等子流程。流程切割到什么程度，取决于其复杂性和是否方便执行，即用户思维。

日常重复性工作

系统之外，仍然有很多重复性工作。比如，召开各种会议，管理例会流程、员工座谈会流程、早会晚会流程。对食品公司而言，员工的清洁消毒很重要，洗手消毒就是很重要的流程；对清洁公司来说，擦玻璃也是重要的流程；对公关策划公司而言，群策群力是重要的流程。常规工作就是我们常说的主体流程，辅助工作就叫辅助流程。两类工作没有高低之分，都重要。

凡是重复性工作都值得做流程。思考一下自己从事的领域中有哪些重要的重复性工作？重复性工作就是今天做了明天还要做、我做了别人也要做的工作。招聘是重复性工作，所以要做流程考核。重复性工作要通过流程解决问题，但是千万不要认为只有连锁企业才需要做流程，这是一个错误的概念，任何企业的产品研发也是流程。

流程设计的 3 个黄金准则

流程很多，但优质流程太少。当前企业流程设计的主要问题体现在以下 5 个方面。

- 错把流程图当流程。
- 错把规章制度当流程。
- 低品质的标准作业程序。
- 跨部门流程太多。
- 程序文件过大，没有切割细分。

大事变小，小事写细。这就是古人的智慧——天下大事，必作于细。一些企业的运营效率之所以低下，不是因为没有流程化的意识，而是因为没有掌握优质流程设计和导入的技巧。大部分企业领导者对流程本身的结构缺乏专业化认知，只有模糊的概念。一些企业自认为有了不少"流程"，但往往只是一些流程图或者类似于 ISO 程序文件一样的烦琐文件。这些文件复杂、没有切割、缺乏细节和标准，执行起来很困难，且价值不大。

优质流程有 3 大标准：首先要方便员工做事，所以要简单、可操作、可执行，如导航仪；其次要方便培训人才，所以要可学、可教、可读性强，如教科书；最后要方便管理者督导，所以要同时拥有操作步骤、细节和标准，如检查表。

如果能达到上述标准，大概率算得上是优质流程。从专业的角度看，优质流程的设计应符合 3 大黄金准则——简单化、专业化和标准化。其中，简单化代表结构简单，步骤简单；专业化代表细节到位，重点突出；标准化代表数字描述，行为描述准确。

流程设计的黄金准则之一：简单化

执行的本质是简单化，简单化的关键在于流程化。执行的首要前提是化繁为简、以简驭繁。流程是从无序到有序，从复杂到简单，不会漏掉任何一个重要步骤。

表 3-1 是某公司的财务付款流程。

表 3-1　某公司的财务付款流程

2022 年 7 月 3 日第二版		某公司—财务部—003

供应商付款
岗位观察检查表

岗位目标：及时查看预付款单，按时准确完成付款，发送水单给采购

步　　骤		操作细节和标准
岗前准备	系统准备	• 银行系统运行正常 • MIS 系统运行正常
	工具准备	• 银行 U 盾 [①]
	资料准备	• 供应商付款资料
	自我准备	• 保持对数据的敏感度 • 保持区分公司抬头名称的敏感度 • 保持对各个抬头对应的银行 U 盾的敏感度
主流程		操作细节和标准
查看预付款		• **登录 MIS 系统**：输入用户名和密码，点击"登录"—"功能树"—"+"—"应付管理"—"供应商采购预付款" • **填写时间和录入人信息**：选择"日期范围"下拉"今天"菜单，填写"录入人"，下拉"公司抬头"菜单（如果一个抬头多个录入人则不选择录入人，只选择公司抬头即可），点击"查询"

---

① 属于网银安全的卫士，外文名 U-KEY，中文名优盾。

主流程	操作细节和标准
银行付款（录入）	以某某银行为例（通过浏览器登录） • **登录银行系统**：打开浏览器，查找某某银行官方网页，点击"企业网银登录" • **录入用户名**：登录密码，录入验证码，点击U盾登录，输入U盾密码—"确认" • **选择供应商**：点击"付款业务"—"支付结算"—"对外转账"，"收款行"选择为"他行"，点击"查询收款人名册"，"查询类别"选择"收款方别名"，录入关键字（查看"供应商采购预付款"，根据供应商名称顺序依次录入供应商名称关键字）点击"查询"，勾选供应商信息 • **录入金额**：录入转账金额，"用途"选择"货款"，点击"下一步" • **核对金额**：核对供应商信息和付款金额点击"确认"，输入U盾密码—"确认"
银行付款（授权）	• **登录银行网页**： • 打开浏览器，查找某某银行网页上的"企业用户登录"—"U盾登录" • 录入用户名，登录密码，验证码，点击U盾登录，输入U盾密码—"确认" • **授权付款**：点击"待审核指令"（数字）—"待处理指令笔数"，勾选核对明细（逐个跟"供应商采购预付款"里面的明细核对，核对供应商名称和付款金额）—"确定"
发送水单	• **查找水单** • 点击"查询中心"—"账户查询"—"交易明细查询" • 勾选查询类别为"当日交易"，点击"选择账号"—"查询" • 点击"明细"—"电子回单" • **截图／发送水单**：将电子回单截图发到对应付款群（事业一部发付款审批群，其他事业部发事业部申请付款群）格式为：供应商简称＋截图
附带职责／异常情况处理	（如有情况，需在此说明）

主流程	操作细节和标准
银行差异	不同银行付款程序不同，具体参考各银行支付程序手册
供应商信息缺失	采购端供应商信息缺失：通知对应采购即刻补充信息 银行供应商信息缺失：手动录入
银行限时限额	下午 5 点后受银行大额（5 万元）转账限制，换行支付； 小额分批转账；告知采购下一个工作日转账

岗位先修：无

鉴定栏：

完成人：_____ 日期：

训练员：_____ 日期：

鉴定者：_____ 日期：_____（初次）

追踪人：_____ 日期：_____（一个月后）

追踪人：_____ 日期：_____（两个月后）

优质流程的结构要符合六三原则，包含相互关联的 6 个部分，即岗位名称和编号、岗位目标、岗前准备、主流程、附带职责和异常情况处理，以及岗位鉴定栏。流程同时还要按照 3 个层次展开：步骤、每个步骤中的关键动作分解、每个动作的操作细节和标准。

岗位名称和编号：岗位名称宜采用动宾结构或主谓语结构，比如迎宾、收银、跟单、发货等。岗位编号可以分为 3 段：企业名称首字母、部门名称首字母、顺序编号。

岗位目标：可以写"通过什么过程或手段，达成什么目的"，这个目的应该是本岗位最重视的输出成果。

岗前准备：方便主流程操作所需要的所有事前准备，因企业性质不同、职能不同、岗位不同而有所区别。

- 生产岗位需要做哪些岗前准备呢？例如，穿戴劳保、设备点检、工具准备、资料准备、原材料准备等。

- 销售人员的岗前准备则会不同，比如收集客户的信息、预约客户、自我准备等。岗位不同，准备工作的区别很大。开会前的准备工作和炒菜前的准备工作大相径庭。

主流程：主流程包含起点、过程和岗位终点，最好不要超过 8 个步骤。建议化繁为简，易于执行，易于教学，易于督导。

附带职责和异常情况处理：流程型组织没有岗位说明书，因为人们的岗位不断变化，所以流程中可以写下主体职责或附带职责，以便区分责任范围。我们不能把所有的异常情况都放在主流程中，首先是因为异常情况出现的可能性小，其次是流程应该具有广泛的适应性，一旦遇到特殊情况，可以准备好的方法应对。

岗位鉴定栏：这个部分是对员工学习流程后的鉴定和追踪。它呈现的内容包括谁是学习者、谁是训练员、谁是鉴定者、谁是后期的追踪者。

特别说明，主流程通常不要超过 8 个步骤。主流程设计时始于输入，突出逻辑清晰的过程，终于输出成果。主流程各步骤逻辑清晰、前后衔接，建议用动宾结构或主谓结构表示。单纯的名词不能完整地表达清楚意思，比如"仪容仪表"是一个名词，检查仪容仪表则是一个清晰的动作。

流程的 3 个层次，可以参见上述付款流程，以第二步为例。

- 步骤：银行付款。
- 关键动作：登录银行系统、录入用户名、选择供应商、录入金额、核对金额。
- 操作细节：关键动作后面部分为操作细节和标准。

简单的事情重复做是专家，重复的工作用心做是赢家。简单化的流程具有以下优势：易于学习、易于执行、易于复制、易于推行"一人多岗"、易于管理者督导。

去过迪士尼乐园的人都知道，一天的游玩即将结束时，工作人员会扮成各种迪士尼动画或电影中的当红角色，为游客进行游行表演。实际上，这些工作人员并不是专职的角色扮演者，他们有的是景区的收银员，有的是园区的检票员，甚至是服务台的服务人员。之所以能够让普通员工扮演演出者的角色，原因很简单，米老鼠也好，唐老鸭也好，表演的内容并不复杂，通常都是程式化的几个经典动作和固定的表演流程。员工们可以分段学习各项动作，通过自由组合掌握表演技巧。即便今天扮演唐老鸭的员工休假了，扮演米老鼠的员工也可以及时补上缺位，因为他掌握了动作不同、原理相似的表演套路。

在麦当劳任何一家连锁店，一名员工同一天做 3 个不同的岗位是经常性的。实际上，这就是运用 3 个不同的流程。

收银员工作的 6 个步骤是欢迎顾客、点餐、备餐、呈递产品、收银、感谢顾客。

炸薯条的主要操作步骤包括：薯条装篮、放入炸炉、摇动炸篮、起篮、撒盐、混盐。

收货流程如下：检测送货车温度、产品品质抽检、清点产品数量、安排搬运、填表签字确认、入库并整理。

一人多岗不仅可以极大地提升"人均效能"，还具有以下价值：每个岗位都有足够的人才储备，更低的成本，培养成长更快的员工，灵活应对客户需求，员工的配合度、默契程度更高。

相比之下，一些企业采用各司其职、互不越界的工作模式，比如厨师只负责厨房的工作，点菜则是大厅服务员的任务，传菜的服务员前后衔接。这种工作模式虽然可以保证每个环节的工作熟练度，也容易带来一些后遗症，具体如下。

- 人力成本提升。
- 不同岗位闲忙不均。
- 员工的本位意识过强，合作不够。
- 长期从事同一岗位而产生惰性。
- 员工成长速度缓慢。
- 人均效能低而影响员工收入。
- 对岗位能人的过度依赖。

优质流程通常不会超过 8 个步骤，因为超过 8 个步骤就不容易被记住。步骤越简捷的流程越容易得到用户的认可。能够一步到位的事情，很少有人愿意用两步完成。

举例来说，现在很多软件用户在初次使用时，需要先注册。而注册的方式也有很多种，除了常规使用手机验证码注册登录，还有用其他渠道的个人信息进行登录的方式，比如微信账号登录、QQ 账号登录、微博账号登录和支付宝账号登录等。很多人为了追求方便，减少等待验证码发送的时间，以及省略输入验证码的步骤，会选择用其他渠道账号进行登录的方式。但很多人选完后往往又会后悔，因为他们发现用其他渠道账号登录后，还是需要通过输入手机号接收验证码验证自己的身份，这样做比直接用手机登录还多了一个步骤，更麻烦。很多时候，复杂的程序会让人们知难而退。

企业确实离不开流程，但企业更需要一个足够精练、能够让大部分人在短时间内快速掌握核心技能的专业化流程。

让我们来看看麦当劳前台服务的6个步骤：第一步，欢迎顾客；第二步，点餐；第三步，备餐；第四步，呈递产品；第五步，收银；第六步，感谢顾客，欢迎再来。

以上是单人操作的收银步骤，足够简单，也足够精练。每名员工在初次接触收银岗位时，都可以快速掌握并上手操作。所以，即使是新员工上岗，一天内就可以熟练掌握收银岗位的操作技能。

在一次旅行途中，我在阅读一本书时提炼出丰田解决问题的8个步骤，这是一个很棒的流程，与麦肯锡解决问题七步法有所不同，更适合生产型企业，在此分享给大家。

- 界定问题（根据重要性、紧急性和扩大趋势确定优先级）。
- 将问题分层（将大问题分解为小问题，方便对症下药）。
- 确定目标（设定解决问题要达到的目标）。
- 分析原因。
- 选择策略（多中选优）。
- 制订行动计划。
- 评估有效性。
- 将经验固化为流程。

员工操作可以写流程，管理者解决问题的实践也可以提炼出流程，人际互动也可以流程化。经过多年实践，我和团队在工作中总结出一个简单且易于操作的制定目标的流程，并将其命名为"目标对话六步骤"：第一步，下属呈现目标（你说我听）；第二步，上司提出建议（我说你听）；第三步，达成共识（互动协商）；第四步，询问可能的挑战（成为教练）；第五步，询问资源需求

（提供必要的支持）；第六步，强调下属对目标的责任（承担绩效后果）。

企业在进行主流程设计时，要注意以下 5 个要点。

- 主流程锁定在 8 个步骤之内。
- 主流程设计要符合任务拆解的逻辑，有起点，有终点，体现过程的先后顺序。
- 主流程中的每个步骤，主语一定是同一个人，不能是两个或以上的人。
- 写步骤要求语言简洁，通常用动宾结构和主谓语结构。
- 过于复杂的流程，需要切割。

能不能把一个复杂的任务变成简单化的流程，一个很重要的技巧就是会对任务进行切割。制作汉堡的过程类似于包饺子，麦当劳将汉堡制作过程切割为 3 大流程：煎肉、烘烤面包和配料。又如招聘也是个大流程，亚马逊把整个招聘过程切割为以下 8 个环节：职位描述、简历筛选、电话面试、现场面试、书面反馈、录用会议、背景调查、录用通知。每个环节都是一个子流程。

流程是否需要切割，该切割成几个子流程，应视该工作本身的复杂性而定，切割到每个子流程都能够用 8 个以内的步骤完成即可。以上所做的一切只为实现流程的第一准则，简单化。多年来，我为不同组织设计流程时，始终遵循 8 个步骤的设计策略。这样做有以下好处。

- 好做：简单的流程，更容易操作。
- 好教：更方便教练培训。

- 好学：一小时学会，一天内熟练掌握。
- 好管：管理人员检查员工作业的规范性。

下面分享一个教儿子学游泳的故事。

教儿子学游泳

因为自小生活在江南，我本人算得上是游泳好手。有一天我带着6岁的儿子去游泳，我才发现会游泳的人不见得会教。于是我请了一个游泳教练教我的孩子学习游泳，他的教学法让我印象深刻。教练是北京某中学的体育老师，他是这样教孩子游泳的。

首先，下水熟悉水性，学会喜欢水、亲近水。这样的价值观非常好，孩子们很高兴。

其次，教练把蛙泳过程切割成3个流程，分别是脚的动作、手的动作和呼吸换气的动作。教练是逐个地教，所以这里就用到一种流程的写作技术——切割法。现在很多企业的流程都写得过大而没有进行切割。

再次，教练做示范。游泳教练趴在沙滩椅上给孩子们做示范，蛙泳时，脚的动作分4步，分别是收、翻、蹬、夹。教练完全在岸上教，其实不下水。孩子们练习的时候，教练有时都不会去看他们手的动作，但收、翻、蹬、夹速度由慢到快，哪个动作稍微有点问题教练会矫正。

最后，反复练习。反复练习两三百遍的目的就是通过重复动作养成习惯。所有的训练其实都是这个过程：收、翻、蹬、夹。

想象一下，有多少公司在没有优质流程、缺少教练技巧的情况下进行员工训练？非规范模式的危害在于：不专业，容易犯错；员工自信心受损；成功率低；员工水平参差不齐；学习氛围和体验不佳，常常伴随着训斥。

让我们向这位教练学习，专业的表现从切割开始。

流程设计的黄金准则之二：专业化

如何体现流程设计的专业化

简单化是指结构简单，主流程步骤简单，相当于一篇作文的轮廓。专业化其实靠细节取胜，专业化就是把步骤转化为可以操作的细节。

在设计流程时，可以左边写步骤，右边写细节。细节的前面是关键动作的提炼。专业化靠细节来实现，清晰的细节描述是行动指南。需要注意的是，细节是成功的保障，也是危害的源泉。一切取决于细节的颗粒度。

有一个民谣能够说明细节的重要性："钉子缺，蹄铁卸；蹄铁卸，战马蹶；战马蹶，骑士绝；骑士绝，战事折；战事折，国家灭。"这段民谣阐述了"少了一根钉子，灭了一个国家"的道理。谁说魔鬼不是藏在细节中呢？

细节通常是从大量的现实中提炼出来的。我们在写细节时可以参考5W2H分析法。

- 做什么（what）。
- 时间节点（when）。

- 谁来做，参与人（who）。

- 目的、原因（why）。

- 何处做（where）。

- 成本多少（how much）。

- 如何做（how to do）。

以员工操作流程为例，当服务员欢迎顾客时，可能的细节包括：距离顾客一米远时，主动相迎；面带微笑；目光接触；使用身体语言，如手势和身姿；声音亲切，示范话术，如"周末好，欢迎光临！"

以管理流程为例，授权分为 4 个步骤：确定目标、选择人员、沟通、追踪。第一步确定目标包含哪些细节。通过对实践的萃取，现将第一步的动作要点分解如下。

- **列出工作清单**：当天工作任务、领导交办的工作、昨天未完成的任务、未来的工作提前交付。

- **标注每项工作的优先级**：根据重要性和紧急程度将工作区分为 A、B、C 三类。

  A 代表不能授权的工作，比如高度重要且下属不会做的工作；B 代表可授权可不授权的工作，已经培训过下属；C 代表日常例行事务，必须授权的工作。

- **选择授权任务**：A 类工作自己完成，B、C 类工作选择授权，将工作任务打包，授权给某个或多个下属。

专业化靠细节来实现，关于流程的细节设计包括以下 4 个要点。

- **先列出所有的工作细节**：群策群力，每个岗位能手列出自己认为的 3 个重要细节，汇集在一起。
- **将内容分类**：根据不同的细节内容进行归类。如果内容过多，可以分段，每个步骤中可以包含多个关键动作。
- **使用总结语**：在细节内容过多时，使用概括性的语言来总结（动宾结构），就是关键动作的提炼。
- **分层描述**：必要时，分层描述不同情况下的操作行为，可以用特殊符号来表示，比如表 3-2 中的"贴标签"细节描述。

表 3-2　细节中的分层描述

主流程	操作细节和操作标准
检查包装	查看货品包装有无供应商信息和快递信息，若无，跳至下一步；若有，则通知拣货员处理
核对信息	**核对三单**：核查送货单、拣货任务单和快递单上公司名称、地址是否一致 **核对实物**：查验货品型号、数量和送货单是否一致，在送货单型号后打钩 **签名留底**：核对完签名，白联留底
散单打包 （整单跳过）	**封箱**：将散单货品按照下重上轻的原则放入包装箱，填充泡沫，放入单据，封箱 **贴标签**： • 超过一箱的，在有送货单的箱子上贴"内有送货单"标签 • 超过两箱的，在外箱缠绕彩色警示胶带 • 有多型号的，贴"内有多型号"标签 • 原装箱的，将送货单装进单据袋，贴在外箱标签旁边

主流程	操作细节和操作标准
贴单归位	**贴快递单**：将快递单贴在箱上 **盖"标示戳"**：盖原箱标签处，非原箱跳过 **归位待发货**：将货品摆放到指定快递发货区，等待快递收货

如何把握细节的颗粒度

都说细节决定成败，但也有人认为成大事者不拘小节。两种说法都有其独特的视角，各有道理。细节究竟写到什么程度，取决于两大指标：重要性指标和问题指标。第一，与原则相关的指标重点写细节；第二，经常出问题的地方重点写细节。

简单来讲，不重要的细节写得再多也没有用，而重要的环节少一个字都会出问题。

我们先来看看与原则相关的指标细节如何表述？

让原则落地最好的方法就是遵循流程设计中的 3D 法则，具体如下。

原则（discipline）。以顺丰快递为例，客户最关心的是安全、快捷、服务、性价比。那么与这 4 项有关的就是重要细节，比如快件丢失、迟到的问题就是大事，甚至是事故。又如麦当劳的客户最关心的是品质、服务、卫生和物超所值，那么在麦当劳，洗手就是与卫生有关的重要细节。简单来说，企业面对客户的经营原则不同，描述的重点细节也有所区别。

细节（detail）。顺丰公司必须针对客户关心的问题进行细节描述，比如从广州到北京的快递需要多久，客户可以在 App 上清晰地查询。遇到恶劣天气或疫情防控问题延迟到货，顺丰也会提前告知，这是客户的知情权。

执行（do it）。只有把原则转化为细节，人们才会执行。经营理念是虚的描述性语言，把虚的理念变成实的细节，就会很容易落地。

举例来说，麦当劳对客户承诺的经营理念是"QSCV"，如何才能保证落地呢？

有关 Q（品质保证）的行为要求如下。

- 严格的供应商分级管理体系。
- 每年对供应商产品进行突击检查。
- 严格执行配送中心的货物管理流程。
- 严格的验货流程（遵循冷冻、冷藏和干货的不同标准）。
- 规范化的门店库房管理（保存时间、温度、货物之间的距离、先进先出）。
- 物品在操作台上的保存时间。
- 提供热而新鲜的产品，执行"过时废弃"政策。
- 合理的应产率。
- 机械代替厨师，实现标准化。
- 所有产品都有固定的热量卡。

有关 S（服务保证）的行为要求如下。

- 提供快速服务，速度高于一切。
- 60 秒挑战：在客人点餐结束后，60 秒内完成备餐。
- 员工拖地时，必须一只手握住拖把头，避免冲撞顾客。
- 如遇客户投诉，放下手中的任何工作，立即响应。
- 地面有水，放置"小心滑倒"提示牌。

- 免费续杯。

- 暑期，提供儿童作业辅导服务。

- 开展各项童子军活动。

- 提供儿童趣味游戏。

有关 C（清洁保证）的行为要求如下。

- 值班巡视及清洁打分。

- 卫生间每 15 分钟检查一次，30 分钟清洁一次。

- 单位时间内，保持 72 条干净的消毒抹布。

- 消毒水配比标准。

- 每天打烊时的严格清洁和消毒流程。

- 垃圾桶管理。

- 桌面清洁标准。

- 库房清洁标准。

- 餐台清洁标准。

再一次强调，原则不是靠口号落地，而是靠细节执行。经常出问题的地方，需要写出细节来预防问题再次出现。

在一家大型生产企业辅导流程项目时，我们发现该公司90% 的产品出口欧美。对方对产品质量要求很高，所以流程项目的一个重要使命是"提升质量合格率"。通过对过去两年的质量统计发现，导致产品质量问题的主要原因包括：原材料、上游提供的半成品质量问题（超过 30%）；模具问题（20%）；流程本身的颗粒度不够，导致不同员工的差异化操作（大约

30%）；其他问题。

鉴于上述质量问题和原因分析，针对第一个原因"半成品质量问题"，我们的对策是增加质量检查的步骤和操作细节的描述。此外，上一道工序的质量检测也是待加强环节，比如在该岗位的流程设计中，第一步就是取件质检，具体操作流程规范如下。

- 双手各取一件，检外观 / 检塑层，发现不合格品标记入筐。
- ➤ 检外观：阀体标识符合、无砂眼。
- ➤ 检塑层：塑层无淤塑、漏铁、溅粉。

取件质检的步骤将截留上一道工序的问题，该步骤重点强化了质量不合格的 4 种情形，包括砂眼、淤塑、漏铁、溅粉。把 4 种质量不合格的图片张贴在岗位上，可以帮助员工加强对不合格产品的辨识度。该步骤实际上是将上一道工序中不合格产品排除在外。

流程设计的黄金准则之三：标准化

流程里有程序，即步骤，追求简单化。步骤里有操作细节，力求具体，追求专业化。规避细节中的模糊化表述，运用可衡量的精确描述，这就是标准化。

标准化要做到"两要""两不要"，具体如下。

- **要量化**：流程语言首先要追求量化，比如"每 30 分钟洗手一次"。

- **要行为化**：流程中一定要有数字，不能量化的要用行为化表示，比如"保持目光接触"。近几年，有很多这方面的课程应运而生，如量化管理、行为化管理。
- **不要用模糊语言**：如"少许""适量"；标准化，是指所有流程都应该是可衡量的，所以要把模糊化的语言变成精确化的语言。
- **不要用形容词或副词**：形容词或副词是抽象化描述，这样容易导致不同的理解。

在一定程度上讲，部分企业流程化的最大问题是缺乏"标准化"意识，"大概""马马虎虎""基本上没有问题""差不多就行了"的思维起着更大的作用。

从因果关系的角度看，企业流程的标准化程度直接决定了其产品或服务的精度。

从"模糊语言"到"标准化描述"

让我们看看服务业的案例，一些企业的流程上写着"为客户提供热情洋溢的服务""宾至如归，周到服务"。但如何做到热情周到，并没有明确统一的规定。所以，模糊表达容易带来认知层面的偏差，服务员觉得微笑已显热情；客户可能觉得服务员鞍前马后还远远不够，应该随叫随到，提供超过客户期望的服务才算优质服务。所以，关于流程应使用标准化描述。

麦当劳关于洗手的细节和标准有这样的描述：用杀菌洗手液洗手，依次清洗手心、手背、手指甲直到肘关节，让洗手液停留至少 20 秒，打开水龙头清洗干净。每小时洗手一次，每 30 分钟消毒一次。其中的 20 秒、每小时、30 分钟都是数字化语言。

如果说，餐饮企业的标准直接决定了产品的口味和稳定性，那么生产型企业的流程标准化将直接决定产品品质的稳定性。以喷涂的操作细节和标准为例，量化要素包括角度、次数、距离、速度、位置等，任何一个单项数字发生改变，都会带来产品品质的改变。

不是所有的事情都可以用数字来表示，尤其是人际行为，这种情况下就可以采取行为化描述。所谓行为就是"所说的"和"所做的"，具体举例参见表 3-3。

表 3-3　标准化中的行为化描述

操作流程	执行细节及标准
介绍双方	双手恭递名片，双方相互介绍
感谢接待	说明来访目的，表达感谢
表达愿望	针对客户信息（规模、品牌、发展速度、合作诚信、介绍人信息、历史交集等），表达真诚拜访的意愿
应景寒暄	**地域特点型：**天气、交通、事实、当地特色（美食美景人文）、社会热点 **夸赞型：**"衣服／工装好漂亮啊""办公室环境真好" **崇拜型：**"听老板提你好多次了，终于见到您了""前几天是我联系的您，久仰久仰，终于见面了" **感谢型：**"感谢一直以来对我们的支持，我们来拜会一下您" **共同兴趣型：**根据对方的兴趣爱好进行寒暄 **问候型：**"新年好""好久不见，甚是想念" **总结型：**"最近订单量很大，发展速度很快啊" **调侃型：**"又见面了，你有了一丝丝变化哦"

上述步骤中的恭递名片就是"所做"，话术示范就是"所说"，

都属于行为化描述。

总结来说，服务可以量化和行为化，甚至可以定义一级服务和二级服务标准；生产可以量化，如重量、质量、数量、初次检测的合格率、一次组装的合格率等；财务可以量化，如投资回报率、资金周转率等；人才能力可以量化，工作表现可以量化即绩效考核；战略可以量化为月度完成率、目标完成率等；危机管理也可以量化，即相应的应急机制。

各位读者，不妨花点时间列出本岗位、本部门、本企业都有哪些量化指标。

流程设计的 4 个环节

流程是一系列活动的组合，有起点和终点，有输入资源和输出成果。毫无疑问，优质流程应该是博采众长的。优秀实践可以总结为流程，优质流程来自优秀实践的精华萃取，可以是本企业的，也可以是本行业的，还可以是跨行业的，甚至有可能是来自客户的建议。那么，流程设计需要遵循哪些关键环节？我将其总结为以下 4 个环节（见图 3-2）。

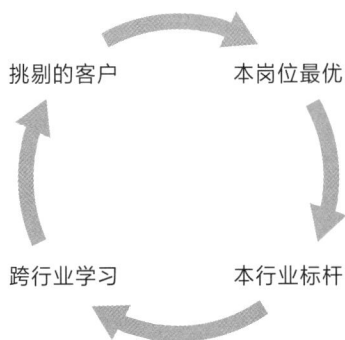

挑剔的客户　　本岗位最优

跨行业学习　　本行业标杆

图 3-2　流程设计的 4 个环节

- 本岗位最优，谁是这个岗位做得最棒的原型？
- 本行业标杆，哪家公司称得上是整个行业的翘楚？
- 跨行业学习，跳出行业去取经。
- 挑剔的客户，客户的反馈是企业成长的动力源泉。

本岗位最优——萃取最佳实践

最佳流程的编制有两个基本前提：谁是这个岗位做得最棒的——岗位能手；谁是提炼流程最棒的——流程专家。

寻找岗位能手是我们编写流程的原始材料，只有从优秀员工的优秀经验和方法中才能提炼出有效的流程。比如，在一支销售队伍中，总有一个人比其他员工更成熟。假设他拜访客户的成功率相对最高，那么我们就要了解他到底是怎样拜访客户的。拜访客户前，通常做哪些准备工作，拜访客户的过程包含哪些步骤，出现特殊情况如何处理等。根据这些素材，我们就可以设计"客户拜访"的工作流程。

此外，优质流程的设计，还需要多岗位的协同配合。

- 寻找本岗位最优。
- 如果一个人的实践不够完整，就需要找一群人的实践，通过拼凑法完成。
- 询问本岗位的下游：本岗位可以做得更好的 3 点建议。
- 询问本岗位的上游：产品或服务对接更顺利的 3 点要求。
- 询问本岗位上级：本岗位常见的问题点。

所以，设计一个岗位的流程，通常需要 5 类人：岗位能手、上游岗位、下游岗位、上级主管和流程写手。我将它称为"金五星"流程设计小组，如图 3-3 所示。

岗位能手

上游岗位　　　　　　　　　　下游岗位

上级主管　　　　　　　　　　流程写手

图 3-3 "金五星"流程设计小组

本行业标杆——寻找行业标兵

本行业标杆是指要在关联行业中找到最好的对标企业，即向优秀的企业学习并从中提炼出企业成功的关键因素。每个行业都应该有行业典范，可供大家学习和参照。一般情况下，寻找最佳实践并不仅仅限于本企业，还可以从外部借鉴经验。根据企业所在的行业特性，企业可以选择行业中的翘楚作为标兵。例如，如果要经营超市，可以向美国的沃尔玛或德国的麦德龙学习；如果要经营便利店，可以向日本的 7-11（Seven-Eleven）和全家（FamilyMart）学习；如果要经营酒店，可以向万豪酒店学习；如果要经营汽车加油站，可以向美孚石油学习；如果要经营餐饮店，可以向海底捞学习。

一般来说，提炼自己公司的经验相对容易，提炼竞争对手的经验相对困难一些。通常，有两种方法可以尝试：一种是通过正常行业协会引荐或私人关系直接预约参观学习；另一种是招聘一些在标杆企业工作过的优秀员工。

在美国，很多大型企业都是对公众开放的，比如波音公司，大众可以在网上预约缴费，会有专人专车接送去参观，参观者可以问各种问题，只要不涉及敏感的商业秘密，讲解员通常都会据实相告。中国也有一些知名企业提供相应服务，比如蒙牛、海尔等。我相信，未来中国会有更多的优秀公司加入此列，这是企业家社会责任的一部分。

不过，招聘标杆企业的员工会遇到同业竞争的限制条款，甚至有可能会涉及法律诉讼，这一点值得广大企业及相关管理者注意。

跨行业学习——跳出圈子找灵感

企业必须学会跨行业学习，因为跨行业学习会带来本企业所没有的创新点。每个行业的发展是不均衡的。有时，你离开自己的行业越远，就越能够跳出圈子，打破过去惯常的做事方法，从而获得突破性灵感。我们把这种跳出圈子到另一个完全不同的环境中去学习借鉴的方法，称为标杆学习法。比如，企业界流传甚广的跨行业学习标杆如下。

- 向海底捞学服务。
- 向华为学产品研发。
- 向 F1 赛车学速度。
- 向麦当劳学流程管理。

- 向宝洁学品牌推广。
- 向麦肯锡学战略规划。
- 向顺丰学信息化管理。
- 向丰田学质量管理。

以当年美孚石油公司的变革为例，让我们来看看标杆学习的流程。所有的变革都不是盲目膜拜或心血来潮，而是基于组织的核心需求。

第一步，进行客户调查。美孚石油公司共向目标客户发出了4000份调查问卷，通过回收问卷并进行分析，发现客户最不满意的是3件事：服务不友好、服务速度慢、客户对加油站的忠诚度没有得到承认。

第二步，组建团队。美孚石油公司针对客户不满意的3件事，分别组建了3支团队，即微笑团队、速度团队和安抚团队。3支团队由知识和技能互补型成员构成，分别来自不同的部门，既有一线的工作人员和基层管理者，也有来自公司总部的中高层管理者。

第三步，学习标杆企业。3支团队分别选择3家不同的企业作为标杆。微笑团队对标丽思卡尔顿酒店，学习它们的服务理念和待客行为；速度团队选择潘思克F1赛车队作为标杆，学习他们如何在几秒内更换车胎；安抚团队则选择美国最受顾客欢迎的"家庭仓库"作为标杆。美孚公司的3支团队从标杆企业中获得了很多信息和灵感，下一步就是将这些信息进行分析加工，形成自己的行动计划。

第四步，启动变革计划。美孚公司启动了"友好服务"计划，包括新制服、对讲机、为客户清洁风窗玻璃、加油快速通道、记住老顾客的名字和常用汽油型号、放下手中的工作第一时间服务顾客……这一系列行动紧密围绕客户关心的三大问题展开。

第五步，验证结果。短短 4 个月，美孚公司在实验加油站的销售额平均增长了 10%，首批试点获得了极大的成功。随后，美孚公司在奥兰多地区 8000 家加油站对此方法进行了复制推广。

从客户调查到标杆学习，再到一线员工的实践，并最终取得突破性的服务成果，美孚公司创造了标杆学习的成功范例，从而被纳入哈佛案例库。

挑剔的客户——倾听客户的声音

优质流程需要关注客户对企业的投诉，因为通常客户投诉最多的问题正是企业流程需要改进的地方。企业需要分析是执行问题还是流程问题，如果是执行问题，就需要检讨原则和细节的设置是否合理，如果是流程问题，就需要对流程设计进行升级，通常一些企业会进行客户满意度常规调查。

收集问题并予以改进是为了预防问题再次发生。如果企业管理者真正学会了聆听客户的声音，那么这个企业没有理由不兴旺发达。我们不妨看看优秀公司的选择。

- 苹果公司的 CEO 蒂姆·库克（Tim Cook）说，他每天早晨醒来的第一件事就是浏览客户的信息和留言。实际上，客户的抱怨正是每一次软件升级和硬件迭代的诱因。
- 麦当劳要求所有员工要"像客户一样去思考"，并早在 30

年前就形成了那份客户宣言："规则一，客户总是对的；规则二，假如客户错了，请参考规则一。"麦当劳的《客户满意手册》为所有连锁店提供了客户服务的标准行动指南。

- 华为公司的"以客户为中心"已经成为公司的行动纲领，从设计产品、迭代产品、服务环节到实施环节……一切都践行"以客户为中心"的承诺。
- 当你去4S店刚刚完成了宝马车的日常保养或维修后，紧接而来的就是第三方咨询公司的调查，它们会询问客户的意见或建议。

流程设计的宗旨就是客户满意，一件事该不该做，要倾听客户的意见；这件事做得好不好，还是需要客户的反馈。从流程设计的角度看，下游即客户，所以下游的客户反馈是流程改善的基础。

并不是所有的客户都愿意主动向企业发声，通常每12名客户对产品和服务不满意，只有一位客户会抱怨或投诉。所以，企业主动收集客户的意见变得非常重要。以下方法可以帮助企业收集客户的反馈信息。

- 经理人每天主动与10名客户沟通，询问客户的意见。
- 每天由员工随机发放20张客户意见反馈表。
- 定期的客户意见调查。
- 神秘顾客访问。
- 定期分析客户投诉。
- 利用早晚会时间，分享客户满意或不满意的典型事件。

识别客户关心的重点问题和细节，有助于增加服务项目、改善服务的质量、提升客户响应速度、优化服务环境。

企业要长期聚焦两个问题：我们该为客户做点什么，我们如何才能把该做的事情做到位。

流程设计的 5 种思维

解决了流程的形式和结构问题，流程就有了"形"，下一步就是赋予流程以"魂"。

流程的设计思维决定了流程的价值成果，对于企业后续的流程制定影响极大，也关系到后期执行是否有效。所以，仅仅明确流程设计结构和层次还远远不够，企业管理者需要用正确的思维方法来引导流程建设。

在长期辅导流程作业的过程中，我发现学员们的写作技巧存在一些共通性问题，比如同一步骤内容过多（切割不准），每个步骤之间缺乏连贯性，流程的每个步骤的主体不是同一个人，流程的重心把握不准，晦涩难懂的流程不方便培训和检查等。

根据在实践中的一些体会，我总结了流程设计的 5 种思维（见图 3-4），为广大管理者提供一些探索性指南，具体如下。

- 系统思维（系统中包含哪些流程）。
- 逻辑思维（结构化、程序化）。
- 客户思维（站在客户角度看需求）。
- 用户思维（站在使用者的角度追求简单）。
- 问题思维（预防以前经常出现的问题）。

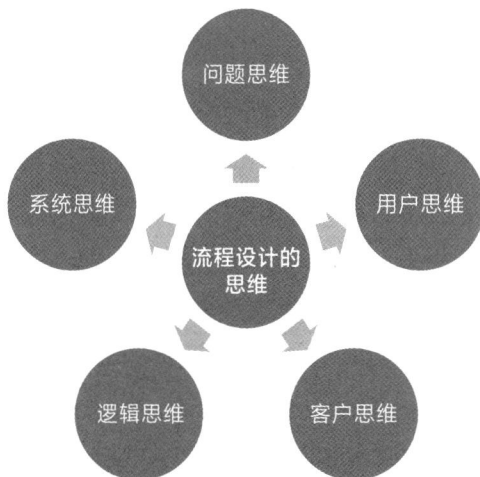

图 3-4　流程设计的 5 种关键思维

系统思维

流程本身就是一个操作系统，所以流程设计也需要系统思维的指引。如果流程设计没有系统的考量，环节与环节之间相互割裂，单一的流程并不能产生应有的关联效应带来的整体价值。企业的经营管理是随处可见的系统，缺乏系统思维，将会导致很多环环相扣的工作不能有效地衔接起来。所以，企业的流程设计要从系统观大局出发，识别什么是客户关心的关键流程，这样的流程才能为企业和客户创造核心价值。

企业的绩效管理体系

企业的绩效管理是一个系统，具体包含 5 个操作流程：
①制定目标的流程；②月度绩效面谈的流程；③季度绩效考核

的流程；④考核结果应用的流程；⑤绩效改进的流程。这 5 个流程环环相扣，构成了一个闭环系统。

在此，再次以麦当劳绩效考核结果的应用为例说明。麦当劳将绩效考核结果分为 5 档，绩效考核 93 分以上为"杰出员工"，第二年的工资增加 10%~13%；绩效考核得分在 86~93 分（含）的为"优秀员工"，第二年的工资增加 7%~9%；绩效考核得分在 76~86 分（含）的为"良好员工"，第二年的工资增加 4%；绩效考核得分在 66~76 分（含）的为"需改进员工"，没有涨薪，但会收到一张黄牌警告。这个黄牌一旦发出，领导者就要帮助该下属制订一个绩效改进计划。如果一名员工在一年的绩效考核期中，四个季度拿到了两张黄牌，那就相当于一张红牌，就可以直接走人了。最后一档是"不满意员工"，绩效分在 66 分及以下，直接淘汰。

如何帮助下属制订绩效改进计划呢？主要思路有以下几点。

- 复盘，分析问题所在。
- 辅导，找到主客观原因，寻找工作策略。
- 制订下一阶段的工作目标和详细行动计划。
- 配备必要的资源。
- 加强追踪频率，适时充当教练，但不要替代。
- 及时反馈，认可下属的努力和进步。

一般而言，只要下属端正态度、认真改进，就能获得很大提升，逐步成为"杰出员工"，这就是系统的力量、管理的力量、个人的力量叠加的成效。

逻辑思维

很多人可能会把系统思维和逻辑思维搞混，实际上二者截然不同，前者强调的是整体与个体的关系；后者侧重于流程内部的结构以及每个步骤的关联性。我们在设计任何一个流程时，都要有前中后的顺序。前边做准备，中间做过程，最后做收尾工作，要按逻辑顺序依次展开。

麦当劳的清洁流程

以麦当劳的清洁流程为例，主流程分为以下 5 个步骤：第一步，清水冲洗（去除表面脏物）；第二步，清洁液清洗（去污垢）；第三步，消毒水消毒（去细菌）；第四步，清水再冲洗（去清洁液、消毒液）；第五步，自然风干（避免二次污染）。

这样的流程逻辑结构清楚，按照去脏物→去污垢→去细菌→去化学残留的顺序展开，理解起来也非常容易，几乎不需要死记硬背，所以很容易学，也容易教。

写完主流程后，我们用倒推的方法就可以写下清洁前的准备事项。凡是主流程用到的或可能用到的东西，都需要做好岗前准备，包括准备清洁工具、清洁物料、劳保用品等。

以清洁餐桌椅为例，我们可以排列清洁的顺序：桌面→侧面→背板→桌腿→桌腿铁盖。两块抹布，不同的颜色，一块清洁，一块消毒。自上而下，先正面后侧面及背面，先桌面后桌腿及桌脚。

很多人问，操作性的工作很容易分解或结构化，思维层面的工作也可以这样吗？答案是肯定的，万事同理。

相信每个人都有过讲故事的经历，如何把一个故事讲好则是一门大学问。这里分享一个讲故事的结构化流程——SCORE 法则①（见图 3-5）。该法则一共分为 5 个步骤：第一步，描述故事背景；第二步，展现发生的冲突；第三步，面对冲突做出艰难的选择；第四步，导致的直接结果；第五步，评价整个事件。

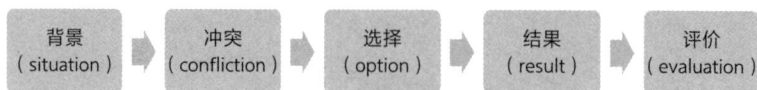

背景 (situation)	冲突 (confliction)	选择 (option)	结果 (result)	评价 (evaluation)

图 3-5 SCORE 法则

这样听起来比较抽象，我们用一个具体的案例来介绍说明。

背景（S）：当我第一次在门店做销售时，感到压力很大。因为本人性格内向，平时就比较害怕与陌生人交谈，既没有任何销售经验，也没有学过什么销售技巧，因此每天上班都会提心吊胆。我想自己恐怕只能靠运气才能成交一两单了。我经常在同伴的成交喜讯中感到自卑。（在座的各位伙伴，你们有过这样的经历吗？）

冲突（C）：终于，在第一个月末的复盘会中，我的业绩不出意外地排名倒数。领导开始关注我了，好心人提醒我小心被公司除名，也有业绩差的同伴过来安慰我："没关系的，那些业绩好的人不见得比我们强多少，他们只是运气好一点，看下个月吧，实在不行就换工作呗。"（讲到这里，可以与学员互动"如

① 田俊国.赋能领导力［M］.杭州：浙江人民出版社，2017.

果你们是我，你们会怎么做？"）

选择（O）：一方面，我觉得自己已经很努力了，只是运气问题；另一方面，我开始怀疑自己的实力，除了运气，是否还有很多其他因素导致我的业绩不佳呢？接连几天，我都非常纠结，不知道该怎么办。幸好我当时没有选择放弃，而是主动向领导请教，领导给我安排了一位经验丰富的销售主管担任我的导师。我如饥似渴地跟随导师学习成交的秘诀，包括怎么筛选客户、如何发掘客户的需求、如何介绍公司产品的优势和特点、如何解答客户的问题、怎样促单等。我几乎每天都跟着导师实习，那两个月几乎是我个人销售生涯中进步最快的日子。（你们猜猜第三个月，我的业绩会是什么样的？）

结果（R）：奇迹出现了，我从小组倒数第三名直接上升到全部门业绩第二名。至今我还记得当时领导用惊喜的眼神看着我说"可以呀，小伙子"。后来我收到了经理送给我的一只玩具熊，上面写着"英熊出没"。这只小熊成了我的骄傲，成了我的"胆儿"。

评价（E）：这件事让我获得这样的启示，原来运气是可以争取的，我真的很庆幸当时的主动求助。领导也是一份宝贵的成长资源。原来"偷师学艺"真的可以减少摸索，学习才是快速成长的催化剂。在此后的销售生涯中，每当遇到挑战性问题，我都会自觉寻找标杆，正所谓"选择优秀，选择成长"。

看完这个故事，你们会选择 SCORE 法则吗？不妨自己也设计一个故事，当众讲出来，试试效果。

客户思维

　　流程最终是为客户服务的，企业设计流程时必须站在客户的立场去思考，要考虑什么是客户真正想要的东西？优质流程的最终受益者是客户、员工，更是所有企业关联人。用一流的流程打造可持续的、稳定的优质产品和服务，才是对客户负责任的承诺。

　　我们来看一个案例。蓝月亮公司基于客户的需求，发展了一个新的组织——月亮小屋。

蓝月亮的客户思维

　　蓝月亮公司是一家出众的、技术型的"家庭洁净服务提供商"，在衣物清洁护理、个人清洁护理和家居清洁护理领域拥有全方位的产品优势、技术优势和人才优势。

　　蓝月亮的价值观是"为用户，更卓越"。它们用卓越的产品、极致的服务和专业的咨询实现"让客户洁净无忧"的使命。

　　首先，蓝月亮因应客户需求改变战略延伸。公司的战略正在从提供清洁产品扩展到提供全方位家庭清洁方案。蓝月亮提供的服务包括清洁抽油烟机、空调、洗衣机、厨房、窗帘、地毯、服装等，一应俱全。

　　其次，蓝月亮的产品优势遥遥领先同行。蓝月亮洗衣液、洗手液以卓越的品质连续 8 年排名同类品牌冠军。公司有一批科学家随时根据客户的需求和一线运营团队的需求攻关研发，其研发的洁净产品去污去渍能力的确一流。

　　蓝月亮从清洁效果和方便员工操作出发，研发了大量清洁工具，包括清洁毛刷、牛骨刀、吸尘吸水机器、玻璃打磨机、吸水毛巾等。市场上没有的或体验不佳的工具，蓝月亮都会自己立项研发。

在品质方面，无论洗空调还是洗抽油烟机，蓝月亮力求精益求精，制定了高于市场同行的标准。其他公司选择不清洗的地方、客户没有要求的死角，员工都会恪尽职守、从不偷工减料，信守"为客户，更卓越"的承诺。

蓝月亮的工作伙伴针对所有的操作岗位制定了高品质的操作流程，仅仅是厨房区域就包括清洁台面的流程、清洁柜子的流程、清洁燃气灶的流程、清洁门把手的流程、清洁窗户的流程等。最终团队经过研讨，创造性地提出全新流程分类解决方案，不针对具体位置而是针对材料特性来设计清洁流程，比如玻璃的清洁流程、大理石的清洁流程、不锈钢的清洁流程。这样的逻辑思维不仅可以解决厨房清洁的问题，也适用于家庭全环境，甚至是办公环境和户外环境。蓝月亮公司将清洁领域跳出厨房，拓展至全域。

蓝月亮通过最佳操作实践萃取了数以百计的流程，极大地提升了清洁品质和服务的稳定性。在保障客户品质、服务、清洁、交付速度的同时，实现了人员的岗位轮替，一人多岗，大大降低了人工成本，提升了人均效能，保障了员工收入。

蓝月亮正在计划另外一项积极尝试，根据已有的流程拍出上百个小视频，方便所有训练员的教学和员工自学。蓝月亮相信，只有借助高品质的流程和人才培养计划，才能真正实现为客户提供稳定、高性价比、高品质的产品和服务。

用户思维

在现实中，写流程和用流程的人很可能是不同的人，所以流程设计小组既要关注客户的需求，也要关注使用者的需求。在大多数情况下，企业的基层员工缺乏经营管理的知识及经验。所以，流程设计小组要站在使用者的角度来设计流程，写到简单易懂，写到好学、好记、好做、好教、好检查，这才是大学问。

站在使用者的角度看，我们要搞清楚，流程都有谁会使用，包括以下 3 类人。

- 学习者（学徒们都希望这个流程好学、好做）。
- 教练（教练们都希望这个流程好教）。
- 管理层（管理者用流程能检查下属做得好不好）。

"好学好教好检查"是流程设计者必须遵循的用户原则。用户思维有两层意思：第一，流程本身的结构简单清晰，符合六三主体结构；第二，主流程的步骤也要简单好记好用，限定在 8 个步骤内。

首先，流程由相互关联的 6 个部分构成，包括岗位名称和编号、岗位目标、岗前准备、主流程、异常情况处理、岗位鉴定栏。其次，流程要突出 3 个层次，步骤、关键动作和操作细节与标准。最后，主流程的步骤最好不要超过 8 步，因为这是普通员工可以接受的理想步骤，每多一个步骤都将增加执行难度。如果一件事相对复杂，超过了 8 个步骤，要么合并，要么切割。

9 个经典的工作流程

直到今天，我仍然对那些既简单又经典的工作流程耳熟能详，而且长期受益。

- 决策流程：收集信息—做决定—采取行动。
- PEST 分析法：政治因素—经济因素—社会因素—技术因素。
- SWOT 分析法：优点—缺点—机会—威胁。
- 戴明环（PDCA）：计划—执行—检查—处理。
- 领导风格应用三部曲：诊断—沟通—开方。
- 训练四步骤：准备—呈现—试做—追踪。
- 授权四步骤：确定目标—选择人员—沟通—追踪。
- 会议发言三段论：陈述观点—分析理由—重复观点。
- SCORE 法则：背景—冲突—选择—结果—评价。

问题思维

在设计流程前，有一项重要的工作是要收集本岗位常出现的问题。预防问题再出现是优质流程的一个标志。"上工治未病"，解决问题是下策，预防问题才是上策。

流程设计的 6 个步骤

流程设计是一项重复性工作，既然是重复性工作，理应做出流程。为了方便大家厘清头绪，我把实践中积累的经验总结成了一套操作流程，即流程设计的流程。具体来讲，流程设计可以分为 6 个步骤，如图 3-6 所示。

图 3-6　流程设计的 6 个步骤

*SOC，Station Observation Checklist，中文为岗位观察检查表。

成立设计小组

流程设计小组并不是固定的团队，而是随岗位不同而调整人员的。换句话说，不同岗位的流程，参与设计的具体人员构成是不一样的，但人员构成的选择标准是一致的。

流程设计小组通常包含以下人员。

- 本岗位最优。首先需要从本岗位做得最好的人的身上提炼实践。
- 本岗位所有接口人，包括上游和下游。需要找到岗位的业务接口人，接口人建议控制在两人以内。
- 本岗位主管。
- 流程写手。

以下举例说明。

多年前，我和我的团队受邀为诺基亚售后和苹果公司售后提供流程咨询辅导。根据客户进出的工作流，我们界定了以下工作岗位：迎宾、前台接待、工程师、库房管理、收银、送客。客户非常看重工程师的维修流程，因为：第一，培养工程师的周期很长；第二，工程师流失严重，常被其他公司挖墙脚。

我们在设计工程师维修流程时，基于流程设计小组的构成原则，选择以下人员参与该岗位流程设计。

- 最出色的工程师。
- 资深上游：前台接待（待维修手机来自前台）。
- 资深下游：前台接待（手机修好后，还给前台）。
- 另一个岗位接口人：库管（申请维修的零配件）。
- 工程师主管：店长。
- 流程写手：咨询顾问。

如果换成前台接待岗位的流程设计，那么人员构成将会相应地发生变化。

- 最出色的前台接待。
- 上游岗位：迎宾、客户。
- 下游岗位：收银、客户。
- 上级主管：店长。
- 流程写手：咨询顾问。

如果换成库管岗位的订货流程设计，那么人员构成也会相应地发生变化。

- 最出色的库管。

- 上游岗位：工程师。

- 下游岗位：供应商。

- 上级主管：店长。

- 流程写手：咨询顾问。

如今，苹果公司的售后流程已经发生了翻天覆地的变化，增加了网络预约、进店的分流程序，减少了不必要的维修，增加了很多项服务，比如以旧换新、旧机验收、信息资料转移等。

把问题书面化

流程的一大功效就是"避雷"。所以企业在设计流程之初，就要挖掘过往出现的各种问题，把所有问题挖掘出来。

直接暴露问题的做法，可能会让很多管理者觉得丢面子，所以保持开放的心态非常重要，敢于暴露自己的问题恰恰是自信的标志，也是敢于与过去决裂的勇气。企业管理者不要在暴露问题时发脾气或训斥下属，这样做会让下属今后"不敢多嘴"。

企业管理者可以通过以下 5 个渠道发现真正的问题。

- 查看客户投诉记录。

- 查看客户退货记录。

- 从岗位下游获得信息。

- 观察员工的岗位操作。

- 与质量控制人员沟通。

现实中，很多人出于习惯化思维方式，很难发现自身环节存在的问题。这时，我们就需要请接口人、质检人员出场，甚至请客户反馈，站在第三方的角度去发现问题。

山东某集团是一家以生产管道和阀门为主的大型制造集团，90% 的产品销往欧美市场，集团对产品质量极其重视。从 2020 年开始，我受邀为该集团提供流程咨询和辅导。该集团成立了以销售总经理挂帅的流程变革团队，其中不乏精益专家和流程高手。

令我印象深刻的是，每当我到公司辅导流程设计时，流程设计小组的准备工作总是很充分。

- 分段拍摄该岗位的全部操作流程，由岗位主管专门讲解。
- 视频呈现所有类型的问题产品。有时，小组成员还会将问题产品带到会议现场，这大大节约了流程设计小组到现场观察的时间。
- 用鱼骨刺图或思维导图分析过往产品的质量问题，并且标注导致质量出现问题的原因。
- 公开讨论典型质量问题。

根据不同生产环节暴露的问题，我们发现导致质量问题的原因有很多种，但大多与人机料法环[①]模式有关。在该集团的质量问题原因中，原材料问题约占 20%，模具问题约占 15%，人和流程的问题占 50% 以上。

---

① 人机料法环是对全面质量管理理论中的 5 个影响产品质量的主要因素的简称。人，是指制造产品的人员；机，是指制造产品所用的设备；料，是指制造产品所使用的原材料；法，是指制造产品所使用的方法；环，是指产品制造过程中所处的环境。

针对问题的原因分析，我们可以在后续流程设计中加强预防措施。

- 模具问题：涉及供应商的选择、模具日常的检修频率、保养流程。
- 设备问题：完善设备点检的流程。
- 流程问题：升级迭代。
- 人的问题：培训和考核。

岗位观察和研讨

流程设计的方法有很多种，我推荐研讨法和观察法。

先说研讨法。为了节省时间，研讨之前，流程设计小组一般提前写出岗位流程初稿，同时通知关联人员准时参会。即便是负责同一个工作环节的优秀员工，每个人的经验和技巧也是有所差别的，所以研讨时，可以邀请两个或以上的岗位专家，这样有利于进行经验整合。

具体研讨流程如下。

第一步，主持人致开场词，简述该岗位背景，介绍与会岗位能手、接口人、写手等。

第二步，放映视频。

第三步，问题呈现。

第四步，依次、分段讨论准备工作、主流程、异常处理以及岗位目标。

第五步，现场修改定稿。

第六步，安排岗位能手试用3天初稿，再寻求反馈。

研讨的重点提示问题如下。

- 岗位目标是否清晰？

- 主流程的步骤是否顺畅？用的是动宾结构或主谓结构吗？

- 关键动作的分解合理吗？

- 有没有发现形容词和副词？可以行为化或量化吗？

- 每个步骤的主语都是同一个人吗？

- 重要的、与原则相关联的细节，描述清楚了吗？

- 本岗位可能出现的异常情况是什么？

- 关键时间节点在哪里？

  …………

我认为观察法是最有效的方法。流程专家应该放下架子，深入一线，直接在现场随时发问和请教，现场岗位能手通常都能应答自如。

一天，事先征求客户的同意后，我跟随蓝月亮的工作伙伴一起到客户的家里，现场提炼中央空调的清洁流程。通过观察全作业过程，我们最终讨论决定把原先的空调清洁流程拆分为3个子流程：空调拆卸流程、空调清洁流程、空调安装流程。同时，我们在现场发现了一些员工作业时遇到的小问题，比如盛水桶容量的大小，哪种型号的水枪更合适，水为什么容易溢出到地面，水枪对准空调不同部位清洁时的角度，水枪哪个挡位的出水量更合适。

以上两种方法可以同时使用，用观察法提炼流程初稿，用研讨法深入探讨细节。企业应该鼓励每一位员工各抒己见，不要拘泥于形式和框架，敢于质疑一切，所有对流程的提升有价值的观点都值得尊重，主持人要适时给予肯定和奖励。如果在每次研讨时，主持人能够发出去3份有纪念意义的小礼物，用于奖励那些有独特见解的员工，那么将会有效提升士气和员工参与度。

提炼 SOC

经过一系列的研讨、观察，流程设计小组会获得很多富有成效的方法和细节。接下来，流程设计小组的主要工作就是整理 SOC 的标准文本，提炼出一个标准流程。

优质流程的标准——简单化、专业化、标准化，请对照下面的生产型企业流程范本（见表 3-4），加强理解。

表 3-4　闸阀装配岗位观察检查表（SOC）

岗位目标：100% 遵循 SOC，严格按照装配顺序和标准进行装配，提高一次装配的合格率

岗前准备	操作标准和注意事项
穿戴劳保	■ 胶线手套
检查环境	■ **看地面**：无杂物、无积水 ■ **看周边**：无落地件、无未处理的不合格品
准备工具和资料	■ **工具就位**：电动扳手（或气动扳手）、气磨、生料带（91V 形式使用）、锯条、密封胶、毛刷、硅油、内六方扳手、套筒工具、叉口扳手 ■ **资料**：闸阀装配记录表、不合格品处置单、产品物料清单表、产品交转卡

岗前准备	操作标准和注意事项
检查 齐套性	依据产品物料清单表，分批次检查阀体、阀盖和配件 ■ **检查阀体**：核对半成品表面颜色、标识、规格与产品物料 　　　　清单表一致 ■ **检查阀盖**：核对半成品表面颜色、标识、规格与产品物料 　　　　清单表一致 ■ **检查配件**：核对配件品种的数量与产品物料清单表一致
填记录	在闸阀装配记录表中填写订单号、品种、规格、形式

主流程	操作标准和注意事项
装丝堵	■ **缠生料带（91V形式使用）**：左手拿丝堵，右手拿生料带 　➤ **缠生料带**：右手拉紧生料带顺时针方向缠绕6～8圈 　➤ **压紧生料带**：扯断生料带，右手拇指和食指配合沿缠绕 　　　部位旋转压紧，至螺纹清晰可见 ■ **抹密封胶**：左手拿密封胶，右手拿锯条 　➤ **挤胶**：挤密封胶5～10mm至锯条顶端 　➤ **抹胶**：用锯条将密封胶涂抹丝堵孔一圈 ■ **装丝堵**：（基于知识产权，细节略）
清淤塑	■ **检查淤塑点**：顺时针看中法兰面淤塑、毛刺 　➤ **无淤塑、毛刺**：进行下一步 　➤ **有淤塑、毛刺**：用气磨清理 ■ **清淤塑、毛刺**：右旋打开气磨开关，双手抓住气磨，对淤 　　　塑、毛刺进行顺时钊清理，用于触摸修磨 　　　处平滑即可
装闸板	■ **摆闸板**：（略） ■ **刷硅油**：左手拿硅油容器，右手用毛刷蘸取硅油（不流淌） 　➤ 用毛刷涂抹密封面及两侧导向槽 　➤ 将闸板翻转，刷另一面密封面 ■ **装阀杆**：（略） ■ **装闸板**：左手扶住闸板T形槽处，右手提起阀杆末端，将 　　　闸板导向槽沿导向筋顺势放入阀体内
装阀盖	■ **摆垫子**：将密封垫穿过阀杆横向放在中法兰上 ■ **检阀盖**：用手检查阀盖轴孔、密封槽面无漆渣 ■ **摆阀盖**：将阀盖穿过阀杆，横向放在中法兰上

主流程	操作标准和注意事项
装阀盖	■ 装阀盖 ➢ 对孔：将密封垫孔对准阀盖螺栓孔放入阀盖底槽，手不松开 ➢ 旋转 60° ~ 80° 放在中法兰上 ➢ 双手旋转阀盖，将螺栓孔对准阀体螺栓孔 ■ 紧阀盖 ➢ 放螺栓：双手抓取内六方螺栓并放入阀盖螺栓孔 ➢ 紧螺栓：遵循"先两端，后中间，紧一半，再打紧"，用电动扳手对角紧固内六方螺栓，直至打紧
墩闸板	■ 抹硅油：（略） ■ 装填料 ➢ 放填料：将填料粗糙面朝下，穿过阀杆放在阀盖轴孔上端位置 ➢ 放压套：取两个铜压套，下铜压套小头朝下压住填料，上铜压套大头朝下压住下铜压套 ■ 墩闸板：（略） ➢ 合格：闸板能上下自由垂落，无阻碍点 ➢ 不合格：闸板不能上下自由垂落，有阻碍 ■ 归位压套：将两个铜压套取下，放回原处
装支架套件	■ 放支架：将支架下轴孔倾斜 70° ~ 90° 套入阀杆 ■ 装铜压套：（略） ■ 装压盖：将压盖小头端向下套入阀杆 ■ 放铜垫片：将铜垫片套入阀杆 ■ 抹硅油：将硅油沿支架上中孔涂抹一圈
装手轮	成套领取手轮和下阀杆螺母 ■ 装下阀杆螺母、支架：（略） ■ 装垫片：将铜垫片套入下阀杆螺母 ■ 装手轮 ➢ 看大牙：双手抓手轮外圆，翻转看大牙位置 ➢ 对大口：对准下阀杆螺母大口位置（大牙扣大口）并按下 ➢ 转手轮：朝"开"方向转动手轮，至支架与阀盖接触

主流程	操作标准和注意事项

装全螺柱	将支架、压盖对准阀盖螺栓孔
	■ **配全螺柱**
	  ➢ **拧螺母**：取两个螺母，分别旋入全螺柱 1/3 处
	  ➢ **上垫片**：取两个垫片，光面向内套入全螺柱 1/3 端
	■ **装全螺柱**
	  ➢ **取全螺柱**：左右手食指、中指分别夹住全螺柱垫片处
	  ➢ **装全螺柱**：用全螺柱上端同时倾斜顶起压盖螺栓孔，全螺柱下端放入支架螺栓孔
	  ➢ **紧全螺柱**：用带套筒工装的电动扳手将全螺柱旋入阀盖螺栓孔
	■ **紧全螺柱**：（略）

异常处理 / 附带职责	操作标准和注意事项
质量异常	■ **丝堵装不上**：用丝锥进行顺丝 ■ **密封垫挤压**：重新对孔，旋转装配 ■ **闸板垂落阻碍**：拆解并检查阀体内腔导向区域，对异物进行修磨清理 ■ **手轮转不动**：通知质管员排查原因 ■ **螺栓打不到底**：更换螺栓
安全异常	■ **砸伤、划伤**：划伤、物料坠落砸伤及时通知车间安全员处理
工具归位 / 随手清洁	■ 工具归位 ■ 清理装配区域、无掉落配件

岗位先修：《软密封闸阀质量控制计划》《阀门不合格品管理规定》《美标明杆软密封闸阀装配工艺卡》

鉴定栏：

完成人：＿＿＿＿＿＿　日期：＿＿＿＿＿＿

训练员：＿＿＿＿＿＿　日期：＿＿＿＿＿＿

鉴定者：＿＿＿＿＿＿　日期：＿＿＿＿＿＿

追踪人：＿＿＿＿＿＿　日期：＿＿＿＿＿＿

追踪人：＿＿＿＿＿＿　日期：＿＿＿＿＿＿

提炼岗位目标：流程设计小组可以请大家广泛研讨，客户最关心的是什么。以上述案例为例，客户关心的问题可能是交期、质量、成本等，企业关心的问题正是客户所关心的，再加上员工安全保障。流程设计者把这些关键词总结成一句话，就变成岗位目标。最直白的表述就是，通过 100% 遵循操作流程，实现质量目标（一次装配的成功率达到 95%）、成本目标（零浪费）、交期目标（平均每 6 分钟装配完工）、安全目标（零工伤）。总结为一个简单的公式就是"通过……（各种行动），达到……（期望结果）"。

提炼岗前准备：后面所有用到的物件都要放在岗前准备中，要描述清楚准备什么型号的、放在哪里、准备多少个。此外，还包括信息单、各种资料、表格等。实际上，岗前准备就是流程定义中的"输入"。

流程设计小组在**提炼主流程**时可以参考以下 6 个要点。

- 反复阅读主流程的步骤，看逻辑、看衔接，是否有断档？

- 每个步骤的动作分解到位吗？有没有遗漏？与下一步的动作能否续上？

- 细节描述精确且清晰。有没有区分不同情境下的不一样的对策，比如整箱怎么包装、散货怎么包装。

- 重要的细节是什么？

- 哪个步骤更容易出现问题？

- 客户关心的目标，是否有清晰的细节和标准来保障？

提炼异常情况处理：对一家物流公司而言，必须考虑到各种可能出现的情况。疫情防控期间不能发货，如何向客户解释？货送到了客户却不在家，怎么处理？货物破损，客户收或不收，分别怎么处理？左边写问题，右边写对策。

岗位先修：学习本岗位之前必须学习的其他基础岗位的流程，也包括一些基础知识或小视频。

岗位鉴定：后文会展开讲述。

岗位验证

尽管我们此前经过了一系列的观察和研讨，并且借鉴了企业内部优秀员工的实战经验，但是所有流程在没有经过岗位实操之前都是纸上谈兵的阶段。

接下来，一个极其重要的步骤就是岗位验证。道理非常简单，飞机做好了，一定要试飞；航空母舰做好了，一定要试航；手机做好了，一定要试用；流程做好了，一定要验证。

流程设计者要以高度的责任心督导流程的试用结果并加以改进。毕竟一个流程定稿后，会有成百上千的员工去使用，而且有可能使用很久。以下是岗位验证的要点提示。

- 找两个或以上的人来试用，一名资深员工，一名新员工。
- 试用时间可以是 2 个工作日。
- 流程设计者每天至少督导一次。
- 试用结束后，收集全部"不符合实际""不顺手"的细节，着手修正流程。
- 必要时，再次验证。

当然，岗位验证是一个持续的过程。每一次的流程迭代和升级都伴随着验证的过程。有变则有验！

专家审定

经过岗位验证的流程，大体已经成熟了。我们还需要另外一双慧眼，帮助我们最终拍板。这就是流程专家。

我们的实践还不是尽善尽美，提炼出来的流程也不能称为完美；我们的文字能力也不够尽善尽美，流程还可以做得更好。这是我们应有的认知态度。

我根据多年经验总结出一张相对简单的流程审定表（见表3-5），希望可以帮助学习者鉴定流程的品质，同时也为专家审定流程是否合格提供参考依据。

表 3-5　流程审定表

岗位名称和编号	■ **岗位名称**：使用动宾结构或主谓结构的描述吗？ ■ **岗位编号**：包括企业、部门、岗位编号吗
岗位目标	■ **目标描述全面性**：是否包含所有的核心目标？ ■ **目标描述准确性**：如果岗位目标中使用了模糊语言，主流程中是否有补充的明确描述
岗前准备	■ **完整性**：主流程中所需的物件、信息、资料是否准备充分？ ■ **优先顺序**：准备工作中，有特别的优先顺序吗？ ■ **层次清晰**：分类是否合理
主流程	■ **步骤清晰**：逻辑清晰吗？ ■ **关键动作分解**：判断动作的先后顺序。 ■ **细节描述清晰**：做什么？怎么做？做到什么程度？ ■ **标准化程度**：使用行为化、量化语言，而非形容词、副词。 ■ **附带表格**：本流程是否包含附带表格？审定表格的合理性
异常处理	■ **附带职责**：本岗位有哪些附带职责？ ■ **异常情况**：每个步骤中，是否有异常情况出现，如果有，写出对策和处理方法
岗位先修	■ **应知部分**：学习本岗位之前必须学习的知识。 ■ **应会部分**：学习本岗位之前必须学习的流程
岗位鉴定	■ **结构完整**：包括完成人、训练员、鉴定者、追踪人及日期

专家审定后，自鉴定通过之日起，该流程可发布执行。一旦审核不通过，则需要重新修改完善、再验证、再审核。

成功的骑士总是选择最好的马。优秀的企业一定是优质流程打造出来的，所有优质的产品和服务都来自优质流程的加持。

流程再优化

迈克尔·哈默在《企业再造》一书中说过："有流程比没有流程好，好流程比坏流程好，但即使是好的流程也需要持续进行优化。"优质流程也需要持续进行优化，因为环境和客户的需求在变。什么时候流程需要进行优化，并不完全受制于时间，而是取决于 3 个变量：环境变化（Change）、竞争者行为的变化（Competition）和客户需求的变化（Customer），如图 3-7 所示。

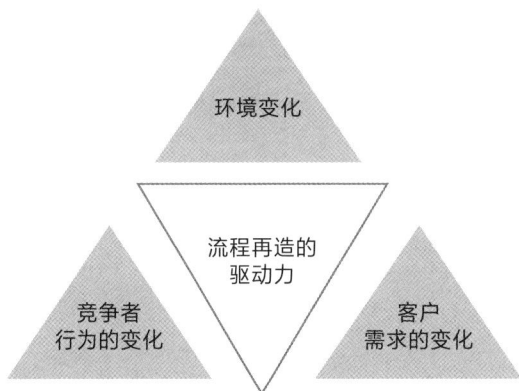

图 3-7　决定流程优化的 3C 变量

环境变化：如果组织引进了新设备、新的信息系统等，那么都将带来流程的改变。伴随着信息系统的普及，很多服务机构都可以扫码点餐，那么原来的人工点餐流程就会逐步退出，取而代之的是服务人员要引导客户学会使用网上点餐或订餐系统。

竞争者行为的变化：如果竞争者采取更有竞争力的行为，也会导致同行效仿，同样会带来流程的升级。比如，超市中引进"多点"信息系统，可以精准了解客户的购买偏好，有利于超市进行精准推送产品和服务信息，那么超市的收银流程也将需要进行相应的调整。

客户需求的变化：任何时候，客户都是决定流程是否需要改变的原动力。比如，麦当劳针对各城市的夜生活需求，将营业时间延长至全天 24 小时，那么各连锁店的排班流程、打烊流程都将顺应调整。

时代在变，技术在升级，竞争者在变，客户也在变，流程也将顺势而变。世界上唯一不变的就是变化本身。跟上一个时代最好的方法就是学习和迭代，引导一个时代最好的方式就是学习、思考与创造。

让我们张开双臂，迎接一个变化的、越来越好的新时代。

第四章

流程变革行动指南

我们可以把流程变革和发射一枚火箭相类比。设计一个流程相当于制造一枚火箭，但火箭能否发射成功，还取决于很多不确定要素，如天气、团队素质、领导力、发射时机等。本章重点讨论：分析流程变革中的各派力量、找出影响流程落地的关键要素，以及如何遵循正确的步骤实施流程变革。

流程变革的助力和阻力

流程变革能否成功，取决于两大核心要素：流程的品质和人们对流程的接受度。变革的成果（result）等于流程的品质（quality）乘以人们对流程的接受度（acceptance），见图4-1。

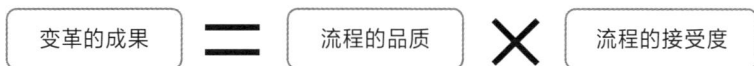

图 4-1　变革成果公式

假设流程本身的品质是好的，那么流程变革成功的决定性要素就是组织中的人员对流程的接受度。如果阻力大于助力，就说明流程变革的时机并不成熟。

变革中的两种力量

组织是一个由相互关联的流程组成的集合体，而这些流程共同作用驱动整个企业满足关键利益相关方的需求。变革，总是会存在两种截然相反的力量：变革的助力和阻力。企业在进行变革前需要分析这两种力量。

支持流程变革的力量是变革的助力。支持流程变革的人通常在态度上接纳变革，在行为上配合变革并主动采取行动。人们之所以支持变革，主要原因有以下几点。

- 能力提升的机会：学习流程、掌握流程是一种实实在在的本领，是难得的成长机会。
- 收入增长：掌握更多的本领，从而带来可预期的收入增长。
- 职责和权力：变革可能会带来职位晋升的机会。
- 更广泛的人际关系：变革会带来岗位轮替的更多机会，有利于建立更广泛的人际联系。
- 较少的工作时间：流程变革会提高工作效率，降低劳动强度。

············

阻碍流程变革的力量构成了变革的阻力。对于阻力派，企业管理者通常需要提前沟通、谈判，推动参与变革、提供支持、减少恐惧。变革的阻力往往是三维的，包括情感的（讨厌变革）、行为的（不配合）和认知的（不理解）。人们之所以会抵制变革，可能有如下原因。

- 不愿意变革：现实中，很多人有追求稳定的人格特征倾向。
- 不确定性带来的负面感受：很多人认为变革就像是未知的"神秘航行"，没有安全感。

- 影响个人的既得利益：包括权力、地位、报酬和影响力，这些既得利益会不会在流程变革中丧失？

- 时机不成熟：眼下太忙，人手也不足。

- 过度变革：组织同时追求多个变革目标，多项变革会产生"变革厌倦"和"精力耗尽"的负面情绪。

- 曾经的变革失败带来的连锁反应：新的变革能"幸免于难"吗？

不要低估组织中这些变革的阻力，有时这些阻力极具破坏性。

管理变革的阻力

变革的阻力几乎是一个必然的存在，企业管理者要学会管理变革的阻力。这里讨论 3 大问题。

如何看待变革的阻力

人们对流程变革的反应往往包含了一系列心理活动过程，很多人对变革一开始持否定态度，然后是抵制、试探，最后是接纳。

变革的阻力未必是一成不变的，而是动态的、可转移的。变革的过程是一个伴随着人们摆脱过去、面向未来的信心之旅。人们因为不理解，所以否定和抵制，一旦进入试探阶段，将会重新活跃，并愿意尝试新的不同方式，直到最后进入"张开双臂，拥抱变革"的接纳阶段。

有了这样的认知，我们的对策就变得更为积极：既不能视变革阻力为"敌人"，也不能对变革的阻力"放任自流"。

如何对待变革的阻力

变革的阻力不应该被认为是"必须打倒的力量"，里克·莫瑞儿（Rick Maurer）有针对性地提出了利用变革的阻力来支持变革实施的方法，称为"五种试金石"。

- **保持清醒的注意力**：将注意力集中在流程变革的目标上，而不是要对付"反对派"。
- **认识阻力**：谁是反对者？他们反对变革的原因是什么？
- **尊重反对派**：有时，反对者也是出于善意，尊重他们的话语权。
- **放轻松**：即使遭到攻击，也不要轻易还击。紧张会让人迷失方向、限制思考。
- **与阻力成为朋友**：倾听反对的声音，有利于完善变革方案。

企业管理者应该对变革的阻力进行再思考，将变革的阻力看作一种可以调整的能量，一种可以被开发的能量，一种关于变革过程的不同信息反馈。同时，企业管理者也要意识到，只有当这些变革的阻力转化为积极的动力时，才可能产生潜在的好处。

如何化阻力为助力

约翰·科特（John Kotter）在他的著作《变革之心》中，为管理变革阻力开出了很棒的"药方"，他创造性地提出了 6 种管理变革阻力的方法（见表 4-1），究竟采取何种方法，取决于企业管理者所处的工作环境。

表 4-1　克服变革阻力的 6 种方法

方法	特点	环境（在什么情况下使用）	可能存在的困难
教育和沟通	告知人们变革的原因是什么；提供信息	当变革阻力的原因是缺少信息或信息错误时	可能需要花费大量的时间，在某些变革情况中，这可能是一个严重的问题
参与和融入	将人们引入变革，成为积极的参与者	在变革过程中，由于感到被排除在外产生了阻力	可能会导致变革过程缓慢，还可能形成相互妥协的决策，这可能影响变革的效果
帮助和支持	提供资源，包括技术的和感情的	当阻力来源于焦虑和不确定性时	既需要财务和人际关系的支持，也需要时间，管理人员可能会感到没做好这些准备
谈判和赞同	对已有的和潜在的反对变革者提供激励	当反对变革者担忧的问题没有被谈及，他们可能会非常强烈的反对变革时	可能"逐渐淡化"变革的重要因素
操纵和补选	有选择地使用信息；通过给予某些人变革过程的重要地位来说服这些人对变革的支持	当参与、促进或谈判等方法需要花费太多时间和资源时	如果使用被视为"拙劣的"、不道德的欺诈或贿赂手段，而使反对变革者顺从时，这种方法既可能违法，还需要冒着产生强烈反作用的风险
明确和隐含的压制	对那些反对变革的人，用他们不想得到的后果进行威胁，如解雇	当不得不接受变革的人反对变革的能力很低时；如果变革不迅速实施，变革后组织中留下的人可能会面临风险时	计划中的变革可能会发生；但是通过这种方法得到的支持有可能是表面的，可能会威胁变革的持久作用。潜在的反对可能会重新出现在管理人员面前

变革中的 4 种人

变革过程中最大的不确定因素是人，组织中的人很容易受到认知、情绪和环境因素的干扰，包括自满、质疑、目空一切、惰性等。人是决定性的风向标，人不仅是变革过程中最大的变量，也是影响最大的变量。

以面向变革的参与度为标准，企业内部影响变革的人可以分为以下 4 种。

积极推动变革的人

积极推动变革的人是变革的种子选手，虽然数量不多，但他们往往是最早觉醒、意志坚定的一群人，企业管理者在推动流程变革时，可以借助他们旗手般的影响力和号召力。

积极推动变革的人，往往能够成为一个群体的引领者。借助他们非凡的感召力，企业管理者可以将变革的助力汇聚成河，组成一股强大的变革洪流。积极推动变革的人是变革的种子、旗手、基石，也可能是变革的发起人。

被动跟随变革的人

走在变革队伍前面的是引领者，紧跟而来的就是跟随者。有些人虽然是被动跟随变革的，但他们是愿意接受新事物、新思想的进步群体，也是难能可贵的变革助攻手。变革的力量因为他们的加入而积少成多，波澜壮阔。

旁观者

有人推动变革，有人跟随变革，当然也少不了冷眼旁观者。旁观者通常是缺乏原则的利己主义者，他们的行为标准不是"做正确的事"，而是做"对自己有利的事"。他们审时度势，在没有看到变革成果之前，通常按兵不动。

在流程变革的过程中，旁观者对变革本身既谈不上是推力，也谈不上是阻力，企业管理者如能争取他们的支持也是好事。对于中间立场的人，变革时期需要争取，多一个朋友，多一分力量。而那些负面能量强、擅长投机、个人价值观与企业价值观不符的人，是组织必须果断清除的。正所谓"道不同，不相为谋"。

漠不关心者

大部分的一线员工并不具有面向未来的远见卓识，这并不奇怪。员工们已经习惯了完成当前的任务，至于未来的变革方向则是领导层的任务。我们当然不能用"事不关己，高高挂起"来描述员工。实际上，相当多的员工对于组织即将发生的变革并没有多少发言权，除非某企业拥有足够多的高层次基层员工。通常，大部分的基层员工对于下一步的流程变革表现出"漠不关心"的中性态度。

漠不关心者对变革并没有表现出敌意和投机行为，如果企业领导层施加适当的领导力或政策支持，漠不关心者也将转变为变革的动力。

变革时机的成熟

什么时候才是流程变革的适当时机呢？

理查德·贝克哈德（Richard Beckhard）认为，战胜变革阻力的三个因素分别是，对现实的不满情绪、对未来的愿景和迈向愿景的初始实践。当三者的乘积大于阻力时，说明变革的时机已经成熟，贝克哈德将其总结为变革平衡公式，具体如下。

$$D \cdot V \cdot FS > RC$$

式中，D（dissatisfaction），代表对现实的不满情绪；

V（vision），代表对未来状态或愿景的期望；

FS（first step），代表迈向愿景的积极行动步骤以及采取行动的意愿；

RC（resistance to change），代表变革的阻力。

这个变革平衡公式是一个简单有效的管理工具，用以迅速获取对组织变革的可能性及变革条件的直观印象。当 D、V、FS 三个变量的乘积大于 RC 时，才是启动变革的理想时机。这个公式给了我们两点重要启示。

- 三维度增强变革的紧迫感：暴露现实的问题，想象变革后的美好，展示我们即将采取的行动。
- 三维度不是简单的相加，而是相乘关系。换句话说，任何一项是低分，都不能满足变革的条件。

下面分别从三个维度作一些分享。

如何培育员工对现状的不满情绪

- 负面案例分享会：总结过去一年因缺乏流程而导致的事故，在专门的会议上做出分享，评选金奖。
- 收集客户的负面评价。

- 竞争比对法：检视过去两年的企业发展状况，比较自身与竞争对手拉开的业绩差距和成长速度差距。
- 效率分析法：评估企业用多少员工创造了多大的绩效，分析企业的人均效能上升空间。
- 成本分析法：为什么企业的利润率落后于行业优秀水平？

人们对现实越感到不满，就越能展现流程变革的强大愿力。

如何展望对变革愿景的期盼

- 标杆学习法：组织参观对标公司，学习优秀企业推动流程变革带来的丰硕成果。
- 分享变革的愿景：启动流程变革给企业带来的发展机会。
- 分享职业成长的预期：企业发展给员工个人带来的职业机会。
- 对回报的预期：全面提升个人业务能力，获得丰厚报酬。

如何分享组织对变革的决心和行动

- 研讨并制定流程变革的愿景。
- 召开动员大会：分享三年变革目标、一年变革计划、季度考核指标。
- 成立流程变革团队：让那些有影响力的管理层和业务骨干参与变革团队，同时鼓励员工自荐。
- 预告政策调整信号：包括岗位轮替、薪酬待遇、考核方式、晋升机制，将这些与员工切身利益有关的规范与流程的通过率挂钩。

- 征集"流程变革宣传语"：先征集，后推广。在员工中广泛征集流程变革宣传语，从中选出部分优秀宣传语，大力推广，帮助员工强化流程变革思想。

- 确定决策者在变革中的角色定位。

影响流程落地的 7 个变量

行业不同，企业不同，影响流程变革的要素不尽相同，究其原因，这与不同企业的人文环境和管理基础有关。总体来说，影响流程落地的变量有以下 7 个：变革时机；变革团队的领导力；员工的执行力；配套的机制；企业文化；领导者的正面认可；流程变革的规划能力。

变革时机

从管理科学的角度讲，企业的发展周期可以分为 4 个阶段：人治、法治、心治和无为而治。如果企业在人治阶段停留过久，经验化越丰富，积累的旧习惯就越多，能人的光环会越大，进入法治阶段的难度系数也更大。越年轻的企业可塑性越强，如同一块海绵，空空的海绵更容易吸收外来的水分。有大量能人化经验的企业就像海绵本身已经存有大量水分，对它再怎么浇灌新水，也很难被吸收。所以老化的企业变革更难，俗称"化石型企业"。

通常，企业具备以下特征将增加变革的难度。

- 最近 3 年高层管理队伍变动很小。
- 很少引进空降兵。
- 过去 3 年，企业几乎没有开展大的变革。
- 人均学习时间每年不到 5 个工作日。
- 过去 3 年，企业成长速度慢。
- 企业没有淘汰机制。
- 企业缺乏变革文化。

没有新陈代谢的企业，往往坐井观天，逐渐丧失变革成长的机会。只有经验的固化和僵化，缺乏新知识和突破性的实践，这样的企业环境会产生变革的阻力。

理想的流程变革时间应该选择在企业创建后的 3 年内完成，此时企业已经完成了探索性实践，正是萃取流程、变经验为规范的最佳时机。当然，任何时候开始流程再造都不晚，关键是一旦错过了规范化的最佳时机，就会增加经验固化带来的阻力，同时也容易错过快速复制的最佳时机。

当组织的变革难度加大时，可以考虑以下措施：引进外部咨询机构、裁员、引进空降兵、制造危机感和紧迫感、展望变革愿景、制定变革目标和规划。

变革团队的领导力

影响流程落地的第二个因素是变革团队的领导力。

什么样的领导者更有利于推动变革成功？强势但不霸道的领

导者是推动变革的理想人选。强势的领导者通常更容易推动变革，而且企业一把手参与的变革通常更容易成功。领导者最忌讳犹豫不决、患得患失。优秀的领导者需要以员工看得到的方式参与流程变革，为关键的大多数员工做出示范，形成变革凝聚力。变革的难度还取决于领导者开展变革的决心大小。有太多的领导者因为患得患失与成功变革擦肩而过。领导者推动流程变革时虽然应该深思熟虑，但是一旦下定决心后就要义无反顾，并且做好应对可能出现各种情形的预案。

杰克·韦尔奇是一位极具影响力的强势领导者典范。上任不久，他就大胆地在通用电气集团系统推进六西格玛的流程变革。

一天，杰克·韦尔奇召集通用电气集团所有的高级管理层在多功能厅开会。会议的主题只有一个，韦尔奇告诉每一个与会高管，他即将导入六西格玛的管理模式，希望每一位高管予以配合，并率先垂范。正是因为杰克·韦尔奇的强势推动与身体力行，通用电气集团才快速培养出了一批六西格玛的黑带专家和黑带大师，成功实现了六西格玛的流程变革项目。

强势但不霸道的领导者给人们的印象是讲道理不讲情面。企业领导者不仅要晓之以理、强势推动，还要率先垂范、身先士卒，给所有员工做出表率，成为流程变革的领头羊。

企业推动流程变革时，最忌讳的是优柔寡断、犹豫不决、患得患失的领导者。如果领导者不能做到像强势领导者那样亲力亲为推动变革，至少也应该指派一位能力超群、有号召力的高层管理者担任变革舵手。不仅如此，成立一支有互补知识技能的、有行动力的变革领导团队，影响有影响力的人，共同推动流程变革。这将是未来推动流程变革的核心力量。

具体来说，变革领导团队的关键任务包括以下 11 项。

- 动员一切可以动员的力量。
- 确定变革目标和变革区域。
- 管理变革阻力。
- 制定并执行变革规划。
- 制定变革中的配套激励政策。
- 整合一切需要的资源，尤其是人力资源。
- 参与流程的设计、培训和督导。
- 率先垂范。
- 完成阶段性的目标评估。
- 定期复盘，总结变革成果和经验。
- 为每一个阶段取得的成功举办庆祝活动，并凝聚推动流程变革的核心力量。

约翰·科特认为，变革中最重要的推动力量就是变革舵手和变革领导团队，领导力在一定程度上决定了变革的成与败。当战略确定后，决定成败的关键要素就是干部。

员工的执行力

影响流程落地的第三个要素是员工的执行力。员工的执行力可以分解为 3 个方面：能力、动力和毅力。先有领导力，后有执行力。从本质上讲，员工执行力的高低取决于领导力的强弱。

能力代表会不会做

执行任何任务都需要相应的能力来实现。针对员工不会做的事情，领导者对应的任务就是 3 件事：有操作方法吗？有教练指导他操作吗？有领导监督他操作吗？如果都没有，那么需要提供方法、配备教练、督导追踪。

动力代表想不想做

动力是员工执行任务的动机和热忱。员工愿不愿意做事，一看内在动机，二看外部激励。所以，企业推动流程变革时选择成就动机强的员工参与执行是上上策。此外，公平的考核和激励机制也可以调动员工的参与热情。领导者要致力于成为下属的发动机。

毅力代表续航里程

员工们会持久地执行吗？毅力首先是一种基于信念的坚持，坚持信念的人更容易持续执行。其次，建议领导者多去一线走一走，发现员工的"好"，相信督导和认可的力量，奖励会让正确的行为再出现。

总结来说，领导者的领导力等于员工的执行力，企业的领导者就是执行官。领导者可以通过以下事项提升员工的执行力。

- 给下属目标：做该做的事。
- 给下属工具：操作流程。
- 给下属方法：适时扮演教练的角色。
- 给下属士气：激励下属。
- 给下属空间：每一个有能力的下属都希望有施展才华的平台。

- 给下属前途：每一位积极上进的员工都希望通过努力获得丰厚的回报，特别是成长和升迁的机会。

配套的机制

流程落地早，政策要配套。影响流程落地的第四个要素是企业有没有配套的激励机制。这些机制包括考核、奖惩、竞赛、升迁等。

考核机制

很多企业的绩效考核考的是结果，而不是过程。一些低能的领导者嘴里高喊着"只要结果，不要过程"的口号，而管理科学的结论刚好相反：当结果不佳时，请回归过程。罗伯特·卡普兰（Robert Kaplan）和大卫·诺顿（David Norton）在《战略地图：化无形资产为有形成果》一书中关于绩效管理不仅给出了理论指导，并且提供了简单易行的考核工具及方法。一般而言，全面均衡的绩效考核兼顾了组织中最重要的4个考核层面：客户满意、员工成长、内部流程和财务表现。

公司的绩效考核什么，员工就会做什么。那些只按销售额提成的公司是很难导入流程的。绩效考核就是一根指挥棒。

在麦当劳，员工考核的标准并不是销售额，而是流程的学习和执行。管理者的流程考核比重基准分数是百分制的25分。不同的是，流程执行几乎是麦当劳员工绩效考核的唯一指标。

麦当劳相信：顾客今天来或者不来，与今天的员工表现并没有直接关系，而是与过往麦当劳的产品和服务留给客户的印象有关。既然今天顾客选择光顾本店，员工的责任就是欢迎并按照标准化流程服务顾客，为顾客提供热而新鲜的产品和快速服务，以便客户下次还愿意光临。换句话说，顾客今天的光顾是因为上一次的友好服务过程，而今天的服务表现又决定着下一次的顾客选择。

一次糟糕的服务足以让顾客愤而抛弃麦当劳，转向选择它的竞争对手。正所谓"好事不出门，坏事传千里"。如果一名顾客遭受了劣质服务，通过口碑相传效应，至少会传播给身边的11位朋友，他们会通过各种渠道获知麦当劳的负面消息。

一个包含流程考核指标的绩效考核方案会成为领导者有效推动流程变革的好帮手。

奖励机制

如果企业领导者希望在企业内部推动一件事，而员工表现得又没有那么积极配合时，一个简单易行的方法就是告诉员工：这是企业的头等大事，势在必行；而且，企业为此专门设立了相应的奖惩机制，已经拟定了获奖标准。

2000年，我任职一家外资公司的人力资源总监。我一直致力于推动集团成为一个学习型组织，遗憾的是，企业的管理层对成为教练的角色普遍兴趣不高，没有多少人愿意备课、授课。

经过深思熟虑，我决定在公司设立"教练奖"：奖励年度表现突出的3名优秀教练，每人奖金10万元。这在当时是一个令人惊喜的数字，几乎是公司历史上最"贵"的奖金，分量不轻。奖金金额代表了管理层对这项工作的高度重视，也展示了势在必行的决心。

随后，设立"教练奖"的效果开始显现。接下来，培训中心的经理给所有拟定的内训师发出邀请，几乎没有人推脱，再也没有人用"忙"作为借口拒绝。然后，我们有了一支有分量的内训师队伍，接受统一的教练指导，各领课题攻关，PPT 修改完善，试讲，直至第一期店长培训班的完美落幕。其间，我邀请了两位重要人物为"内训师成长计划"助力，CEO 开班动员，COO 担任内训师开坛授课。

在年末大会上，我们隆重颁发"杰出教练奖"，由 CEO 亲自颁奖。

此后，陆续有更多的人申请成为内训师，但是内训师的门槛变得更高了。第二年，我们又有了淘汰机制。

如果流程变革是组织发展中的一件大事，你们准备好为此设立"流程贡献奖"了吗？

流程大赛

运动会，是每一个运动选手的激情时刻，更是奖牌获得者的高光时刻。企业可以通过举办流程大赛将流程变革落地。在流程大赛上，一比个人水平，二比团队的奖牌总数。这既是个人的高光时刻，也是组织的荣光时刻。

麦当劳有一项光荣的传统，那就是一年一度的"全明星流程大赛"。

每个连锁店先展开内部竞赛，冠军员工有机会出线，参加公司级比赛。公司里的重要人物将会被邀请担任评委。选手们精心准备，拼技术、拼心理素质。经理人担任教练，指导选手训练，调整心态，稳定发挥。整个比赛过程非常隆重，相当于麦当劳的奥运会，获奖者将会获得一枚金牌，获金牌最多的单位也将获得团体荣誉奖。

主办者会邀请电视台的专业技术人员全程录像，包括训练、比赛、领奖、采访等各类场景，经专业的剪辑和主持人配音后，精彩的视频在各店全年循环播放。每一个获胜的团队和个人，都能感受到"一举成名天下知"的激情。

值得一提的是，每年在流程比赛中获胜的各岗位流程冠军，将会组成当年的"梦之队"。梦之队将是麦当劳在新的城市开发新店的"明星队伍"，同时也是"教练队伍"，这支荣誉团队走到哪里都代表了麦当劳流程的最高标准。

为了荣誉，为了更多的成长机会，每一年都有数以千计的员工主动投入流程的刻苦训练，然后参与下一年的流程竞赛。

麦当劳全明星大赛承载了流程的最高标准，承载了无数人的梦想，也延续了流程的接力火炬。

应该说，流程大赛既是推动流程持续落地的有效手段，也代表了流程活动的最高仪式。它就像一次盛会，能够带动全体员工日常对规范化流程的一份坚守。

企业文化

影响流程落地的第五个要素是企业文化。企业文化是一种在企业中通过长期贯彻而形成的基本性格色彩，优秀的企业文化对于流程变革是一种有力的支持，企业流程变革需要充分利用企业文化中的积极因素和员工的情感力量。拥有优质流程的企业倡导以下 3 种文化。

变革文化

一般来说，企业学习力越强，变革的动力越足。也可以说，学习型组织拥有变革的强基因。拥有变革基因的企业更容易推动流程落地。

我们把企业大致分为两种：圆柱体企业和圆锥体企业。圆柱体代表变革力强的企业，圆锥体代表变革力弱的企业。

把圆柱体放在地上，它因为没有任何棱角，很容易滚动，阻力很小，直到滚向既定的方向。圆柱体企业因为经常学习，经常变革，已经积累了足够的变革经验曲线，越滚动越平滑，越平滑阻力越小，所以在圆柱体企业中推动流程变革就是"轻松的滚动"。如果一家企业过去 3 年都没有像样的变革，突然启动流程变革时，员工的直接反应就是惊讶、拒绝、质疑……管理层感觉无从下手，就像一个三角锥，如果你想给它挪动个位置，从哪儿下手，怎么挪动，可比滚动一个圆柱体难度大多了。

不学习的企业、坐井观天的企业、缺乏行动力的企业，就是圆锥体企业。在一个因循守旧的企业中导入流程，难于上青天。

我根据多年的管理经验，针对培养变革文化和能力给广大企业管理者提出以下建议。

- 将"学习和变革"词条列入企业价值观。
- 引进"变革管理"课程。
- 培养变革能力：一线员工培养变革态度，一线主管培养变革行动，中层主管培养实施变革方法，高层领导者致力于营造有利于变革的环境和土壤。

- 基于不同项目组建变革团队。
- 每年评选"变革之星"，用员工的名字命名变革成果。
- 引进外部机构，协助推动组织的变革。

基业长青的企业都有一个特点，不断通过变革适应市场环境。持续学习和变革是基业长青的企业的基因。

执行文化

把目标变成结果的能力，就是执行力。执行力的重点在于企业从战略角度看待执行力，将企业战略落地。

从表面上看，执行力是员工的事，但这也是管理层的事。对员工来说，就是去做；对管理层来说，就是要确定做什么，谁来做，如果不会做怎么办，如果不想做又怎么办，做好了如何奖励。这样来看，在执行过程中，似乎管理者的责任更大。执行力差仅仅是表面现象，领导力差才是内在根本。

对管理者而言，可以通过以下执行口诀贯彻流程的执行文化。

第一步，目标——精（少而精的工作目标，抓重点任务）；

第二步，计划——细（把目标细化为专业化的行动计划）；

第三步，沟通——明（沟通非常明确）；

第四步，工具——简（优质流程就是好工具）；

第五步，控制——准（巡视、追踪，关注质量、时间、成本、方法）；

第六步，反馈——透（运用正面反馈、修正性反馈）；

第七步，奖惩——公（奖励卓越的行为和高绩效）。

执行文化的形成不是靠"喊口号",而是用流程训练出"惯性"。以下是我尝试过的强化组织执行力的若干行动方案。

- 身体力行,领导率先示范。
- 设立"执行日",每个月把自己的手弄脏[①]一次。
- 重要的事,事事有流程;重复性的事,事事有流程。导入流程本身也是流程。
- 刻意练习,养成惯性,最终形成肌肉记忆。
- 平均每周发出一份礼物,奖励最佳执行成果。

优秀的执行力是一种系统,可以沉淀为组织的执行文化,一种代代相传的可复制、可迭代、可传承的基因。

协同文化

在流程变革的过程中,经常会涉及多个部门的协同,需要上下游协作完成的工作很常见。所以,流程变革少不了团队协作的文化支撑。

麦当劳的企业义化鼓励跨部门之间的协作,并给出了明确的协作原则:沟通(communication)、协调(coordination)、合作(cooperation)。我们称它为 3C 协作原则。不仅如此,麦当劳针对不同层级的员工,匹配了相应的协作能力要求。协作能力由低到高,分为以下 4 种(见表 4-2)。

---

① "把手弄脏",意为破除高高在上的姿态,到组织中去,为员工和组织赋能。——编者注

表 4-2　麦当劳的员工协作能力水平及行为要求

协作能力	典型行为
L1 基本水平	• 成为一名团队成员，积极坦率地参与团队活动 • 履行团队成员的职责 • 主动与他人分享信息和资源，帮助他人和整个公司取得成功 • 坦诚并开朗地接受回馈意见
L2 进阶水平	• 要求所有团队成员积极参与，做出自己的贡献 • 努力打破系统内的壁垒和阻碍，力求成功 • 主动向团队成员提供建设性回馈
L3 专家水平	• 为了企业的整体利益，愿意在自己的局部范围内做出牺牲 • 主动向旧有的观念和体系发出挑战，使企业受益 • 抛弃方法和观点上的差异，寻求途径与他人进行合作
L4 领导水平	• 积极发展与其他员工、特许持牌人及供应商的合作关系 • 调动其他员工、特许持牌人和供应商的积极性，使彼此之间的合作更有成效 • 向员工明确公司对他们在团队合作中的期望，从而支持公司内团队协作的价值 • 打破公司内部界限，寻求促进个人及团队之间的合作，改善公司的整体利益

　　麦当劳大学和各级训练中心的核心职责之一，就是为不同层级的员工提供相应的能力培训。我们相信，协作能力是可以训练出来的。

　　流程变革不是一个人的战斗。流程的设计涉及上下游接口，需要上下游的协作；流程的训练涉及多个部门，也需要各部门的协作。流程变革指导团队通常有多个部门参与，更是一个协作战场。这是一个"抱团打天下"的时代！

领导者的正面认可

领导者需要安排时间到一线巡视，认可并对下属的优异表现提出表扬。在日本，这种做法被称为"现场管理"，即到现场观察现象和分析现象。在美国，这种做法被称为"走动管理"，即走出舒适的办公室到企业一线。当领导者发现有员工正在采取符合企业所倡导的行为时，无论在公共场合还是私人场合中都应给予肯定。领导者不要忘记去检查，检查时记得给予积极的肯定，这就是正面认可。

领导者最好花 50% 的时间到一线巡视，观察员工的行为和执行结果，予以正面认可或修正性反馈。切记不要小看反馈的力量，西方有句俗语"反馈是胜利的早餐"，正面反馈可以让优秀的行为反复出现。

在领导力实践中，企业领导者可以采取以下小行为给予员工正面认可。

- 记住员工的名字，成为他们信赖的工作伙伴。
- 坚持"走动管理""现场管理"。
- 回到基层，观察员工的基础流程执行情况。
- 开复盘会，总结得失经验。

1991 年我加入麦当劳（北京）公司，1993 年带队进驻麦当劳（天津）公司，我在担任营运经理和训练中心经理期间，几乎每周都会用 60% 的工作时间去一线巡视督导。

每次出门之前，营运部的秘书都会问我："今天计划去几个店？"她会帮我准备相应数量的礼物，为每家店精心准备了一个单独的小袋子，里面装有三四件小礼物。我将袋子放进汽车的后备厢，进店之前，拿出其中的一个袋子塞进公文包。

我的办公室比较特别，柜子上半部分装的是运营或财务报表、目标和行动计划单，柜子下半部分装的是礼物。这些带有公司标识的礼物通常是每年参加麦当劳全球经理年会的各种奖品、赠品和兑换的礼物，包括公司的 T 恤衫、胸针、领带、领花、手表、钱包、腰带、钥匙扣、杯子、玩具等，应有尽有。

每到一家连锁店，我都会带着事先准备好的礼物，这是我多年坚持的习惯。员工和连锁店管理层都已经习惯了我的"友善和慷慨"，偶尔我没有带礼物，也要留下白条，下次一并补上，说到做到。

店长们会向我介绍他们过去一段时间的工作成果，然后提示性地看看我的公文包。我很知趣，总是信任店长的推荐，奖励那些"日常工作中表现杰出的工作伙伴"。有时，员工也会主动找到我说，能不能给一块麦当劳手表？我会善意地提出要求，如果能够在 5 天内，通过两个新的工作岗位流程的训练，并通过最终鉴定，我会满足他的要求。

当你一次又一次地兑现了自己的奖励承诺后，一旦员工们取得不错的工作成绩，他们在内心总是盼望着："义伍为什么还不来？"

尽早放弃官僚检查吧，学会与下属建立人性化的伙伴关系。有时获得工作上的快感并不难，仅仅需要一份有意义的小礼物。正如麦当劳的文化所写的"food & fun"，麦当劳生产食品，也顺便生产"欢乐"。

在流程化的企业中，几乎每一个人都能够把每件事情做到位。而那些特别认真、用心的人，绝对能够把事情做到令人惊艳或惊奇，领导者的出现，就是为他们而来，优秀者需要被认可。

针对"优秀"进行认可，会有更多的"卓越"出现。作为企业领导者，应走出自己舒适的办公室，到一线去，认识员工、关注员工、认可员工。

流程变革的规划能力

流程变革是否成功，有赖于企业领导者对流程变革进行科学策划和规划。变革本身就是科学，是系统工程，无数成功的变革实践为我们总结出变革的导航仪。

以下是经验化的行不通的做法，提醒广大企业领导者注意。

- 没有培养足够的紧迫感，就贸然启动流程再造项目。
- 多部门同时进行流程再造项目，而不是重点突破。
- 没有成立责任明晰的变革领导团队。
- 决策者很少参与流程变革实践。
- 没有将变革的愿景与利益相关者沟通。
- 组织中，同时有多项变革正在进行。
- 威胁员工：不配合就走人。
- 对整个变革过程缺乏科学的规划。
- 急于获得流程带来的正面成果。
- 没有取得短期的可以看见的成果。
- 过早地宣布"流程变革成功"，没有坚持形成惯性。

以上都是我们在变革中听到的和看到的惨痛教训，很多变革之所以失败，是因为没计划、无准备。

什么是行得通的方法呢？那就是用流程导入流程，用变革规划的流程帮助导入所有业务流程。

以上是我在课程和咨询中收集到的影响流程落地的最重要的 7 个要素，为了便于大家记忆，以上 7 个要素可以简化为影响流程落地的"PROCESS 因素"，见图 4-2。

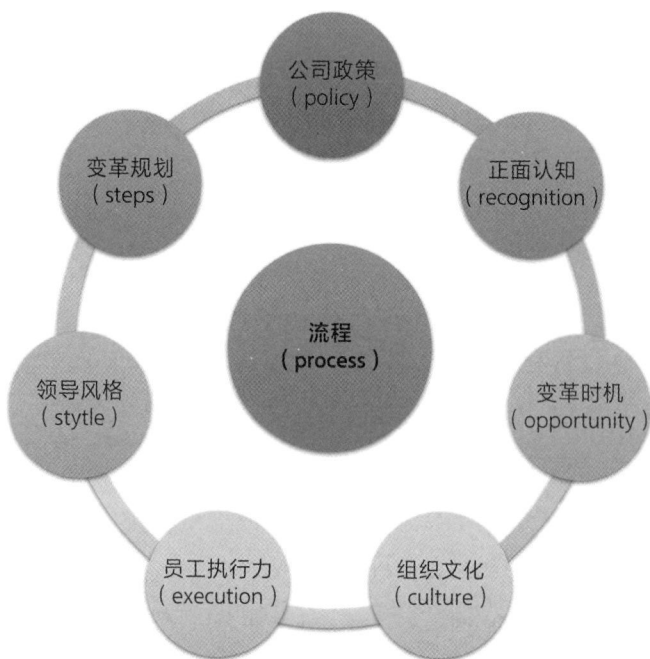

图 4-2 影响落地的"PROCESS"因素

现在，是不是觉得更容易掌握了呢？逻辑的力量有时候真的神奇，旧知识是吸收新知识的酶。

实施流程变革的 7 个步骤

为什么有些企业的流程变革容易夭折，而另外一些企业对流程变革带来的好处津津乐道？要回答这个问题，必须对变革的过程进行更为科学的规划。得益于现有的变革研究成果，尤其是约翰·科特对变革做出的贡献①，针对流程变革，我做了一些尝试性修改和突破，结合多年来的咨询实践，总结出实施流程变革的 7 个步骤，见图 4-3。

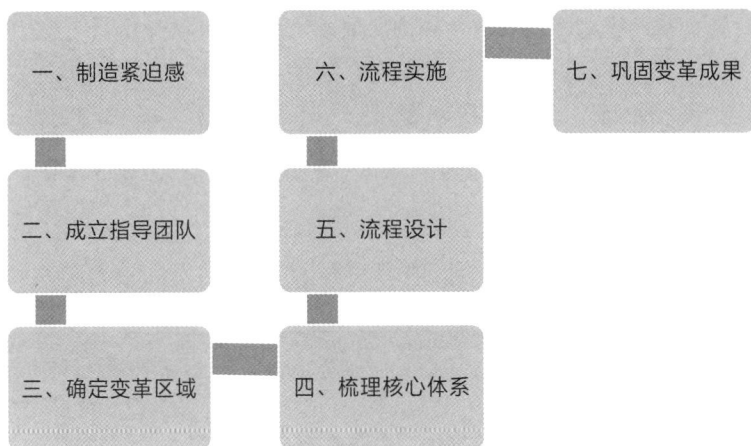

图 4-3　实施流程变革的 7 个步骤

步骤一：制造紧迫感

流程变革首先要解决的不是"能不能"的问题，而是人心"齐不齐"的问题。这可不单纯是管理层的事，企业要想尽办法唤

---

① 约翰·科特.变革之心［M］.刘祥亚，译.北京：机械工业出版社，2003.

醒全体员工的变革决心。

前文分析了组织变革中可能出现的多种阻力：有基于过去成功而自满的，有基于恐惧而逃避的，有基于不确定性而导致冷漠的，也有因过去变革失败而留下悲观阴影的，还有人因为对流程完全不了解而无动于衷的……无论组织情绪处于何种状态，领导者都必须制造一些"让大家醒过来"的变革紧张气氛。

以下 3 件事可以催化变革的紧迫感。第一，企业的现状非常糟糕；第二，如果企业上下齐心协力，锐意变革，那么企业将拥有良好的发展前景；第三，公示企业即将采取的行动计划，这是管理层的坚定承诺，号召大家做好准备，积极推动流程变革。

现实很糟，企业不得不变

企业领导者可以通过以下方式，营造企业推动流程变革的紧张感、迫切感。

- 拍摄"愤怒的顾客"视频。
- 公开网络客户过去 3 个月的负面评价。
- 糟糕的企业经营数据与竞争对手比对分析。
- 组织内部的"吐槽大会"。
- 负面案例分享会。

想一想，还有哪些方法可以激发人们对现实的愤怒和危机感？

愿景可期，我们理应改变

企业领导者可以通过以下方式，说服员工进行流程变革。

- 参观标杆企业，看一看优秀公司的规范化工作场景。
- 向员工展示，组织外部真实的、令人震撼的证据，以此表明变革的必要性。
- 制定并呈现真正激励人心的变革愿景和目标。
- 开展以"流程变革"为主题的辩论赛。

仔细思考，还有哪些不落入俗套的"晓之以理"的方法，可以让员工们感受到流程变革的合理性？

即将行动，欢迎汇入流程变革的洪流

企业领导者可以通过以下方式，调动员工推动流程变革的积极性。

- 公开动员会——未来 3 个月的变革计划。
- 征集 20 种不同的"流程变革"主题口号。
- 将"有趣的变革图画和口号"在企业上下全面推广。
- 召开座谈会，公开收集不同意见。
- 透露公司政策的改变：流程变革将直接影响未来的绩效考核、薪酬和晋升。

想象一下，还有哪些方法能够让人们对于即将到来的流程变革"欢欣鼓舞"或"摩拳擦掌"？

步骤二：成立指导团队

如此重要的变革，谁会是担当大任的合适人选呢？一个人的力量显然不够，企业需要一群有影响力的厉害角色。他们分工明确且个个身怀绝技，具备足够强大的影响力，信心十足、期盼变革，有互补的技能和团队合作精神。企业应成立流程变革指导团队，具体要求如下。

- 团队领袖：一个具有强烈责任感的有感召力的个体。
- 团队成员：互补的知识和技能、受人信赖、行动力强、有主动补位的协作精神。
- 在家族和官僚化的企业中，决策者应加入变革团队。
- 分工明确，就像一支乐队一样工作。
- 制定团队的阶段性的目标。
- 制定行动准则。
- 制定激励性的政策，不吝啬预算。

一支优秀的流程变革指导团队，至少包括 7 种角色。每个角色的划分取决于其相应的管理职能以及对变革成果应承担的责任。

指挥家：制定目标，把握方向，防止走偏，制定政策，选择团队成员。

策略师：制定策略，寻找有效的变革方法或途径，发动企业全体员工深度参与变革。

流程专家：专业能手，精通流程结构，致力于捍卫流程标准，权威解释者。

宣传员：信息传播，鼓舞士气。

教练员：培训导入，问题辅导，结果追踪，开展竞赛。

协调者：打通关节，有序协调，擅长沟通、协调和合作。

组织者：组织外部参观，推动内部活动，召开团队会议或座谈会，举办庆功宴等。

以上每个角色并不是代表某一个人，而是角色功能定位。既可以是一个人担任多种角色，也可以是同一个人既是这方面的主角，又是另一方面的配角，甚至有可能在不同时期担任不同的角色。

此外，团队领导者不应拘泥于现有的团队成员，完全可以扩大范围，从团队外部寻找资源。指导团队应该是无边界的非正式组织。团队成员拥有足够的灵活性，包括随时根据需要进行角色调整、角色补位。

根据流程变革的阶段性需求，团队成员也可以随时调整，人员进出不受限制。当然也不能由着领导者的个人喜好来任免，一切以需求和变革成果为依据。

步骤三：确定变革区域

企业的流程变革要注意避免走入误区。流程的变革不同于质量认证体系（ISO），流程需要在特定领域率先行动，先试点再推广。评估试点是否达到预期效果，是否验证了事前对业务流程改善的假设。因此，最佳的流程变革启动模式是"先试点，再推广"。企业进行流程变革的最终目标是在全公司范围内推动流程再造或升级。但需要说明的是，我们不建议从一开始就全面推广，而应该是重点突破。"先试点，再推广"的变革模式既有利于集中资源，也有利于总结经验后的再推广。所以，流程变革首先要选择变革的区域，避免陷入"大而全"的变革陷阱。

选择在哪个区域进行变革试点，取决于组织的战略考量和竞争优势的定位，也部分取决于变革区域是否具备变革的条件。通常，我们基于 3 个维度来选择变革区域：部门的重要性、落实的可行性以及当前的绩效状况。

重要性：这个部门重要吗？人员数量多少？

可行性：导入流程难度大吗？有足够的人手吗？人员能力够吗？会不会因为工作忙而忽视对流程的时间投入？

绩效状况：当前绩效差的、问题多的，更值得做流程的区域。

我们以传统意义上的部门为例，来说明如何选择变革区域，如表 4-3 所示。

表 4-3　选择变革区域评估表

	重要性	可行性	绩效状况	分值
产品研发	5	4	3	12
产品推广	4	4	4	12
销售	4	5	5	14
服务	3	3	2	8
人力资源	2	3	2	7
财务	2	3	2	7

企业领导者在选择变革区域时，可以参考以下行动建议。

- 由变革指导团队组织召开研讨会，依据规则选择变革的区域（你不可能一口气在全公司范围内实施流程改造）。
- 最重要的业务或职能部门流程变革优先（直接影响客户的部门）。
- 绩效差的业务或职能部门流程变革优先。
- 哪个区域的流程简单易执行，列入优先级。
- 重要性、可行性、绩效状况三者可以是不同的权重，取

决于公司的重视度，比如重要性占 10 分，可行性和绩效
状况分别占 5 分、3 分。

- 一旦选定流程再造的区域或部门，就要减少对次要目标
  的要求。
- 对选定的流程再造部门或区域，必要时针对区域人员可
  进行再动员。

希望一步到位实现"全盘流程化"，既不理性，也不现实。流
程导入应该是一个循序渐进的过程，即便是资深的流程专家，也
很难驾驭"全域变革"，这相当于同时打十场战争。不同领域的流
程，如信息流程、业务流程、人力资源流程、财务流程等，都有
其各自的咨询策略、轨迹和特点，所以追求大而全既草率也不专
业。有时，不同领域的流程升级需要选择不同的咨询机构，这就
是华为与超过 15 家咨询机构合作的原因。不同的咨询公司有自己
的专业定位，如同专科医生看病一样，术业有专攻。

企业领导者应选择一个合适的变革区域，做全面而深刻的探
索和萃取，积累足够丰富的经验，以便为下一个区域的流程变革
储备经验。

我曾受邀为一家制造企业的中高层管理人员进行培训，公
司领导也到场听了几节课，他事后总结："深有感触，即刻
行动。"

接下来的一周，他将参加课程的所有中高层召集在一起开
了个动员会，会议有三点硬性要求：第一，一个月之内，各部门
启动流程再造计划；第二，3 个月内每个部门做出 20 个流程，
他要亲自检查；第三，用两个月的时间进行培训，将流程落地。

在会上，他强调完不成任务的部门负责人下课。整个过程，看似有计划、有结果要求、有制度约束。

接下来，各部门就像无头苍蝇一样，手忙脚乱地开始写流程。各写各的流程，没有人对流程的接口负责；没有统一的写作方法，八仙过海，各显神通；没有人对流程的结果进行审定和验收；各部门进行培训时，花样迭出，报喜不报忧。最终，这场流程变革以闹剧收场。

这里的问题在于，简单粗暴的管理方式完全不适合精细化的流程变革。现实中，一些领导者积习难改，用旧思想、旧知识、旧方法来推动新事物。以下几点是我总结的领导者常犯的错误，须引以为戒。

- 全面导入流程的初衷也许是好的，但问题是不按套路导入流程。
- 全面推广，欲速则不达。流程变革要小步多次，才能精益求精。
- 先关注一个部门，落实对客户的承诺；其他部门也要相应落实对另一个部门的承诺，决不能各自为政。
- 领导者不能搞一言堂。要交给团队管理变革，鼓励建设性的讨论和争论，有争论才有高论，避免走偏。
- 不要用简单粗暴的制度来威胁或惩罚变革中可能出现的问题，很多问题需要复盘、分析、对策、计划、教练和辅导。业务操作强调的是"以客户为中心"的人性化流程，管理变革本身也是"以员工为中心"的人性化流程。管理者要随时提醒自己：你希望员工如何对待顾客，那么你就要如何对待员工。流程变革的深层含义是文化基因的改善。

每逢大事要静心。企业领导者应保持足够的耐心和定力，有步骤、有节奏、按计划推动流程落地，同时兼顾规范化和人性化。

步骤四：梳理核心体系

企业选定了变革区域，接下来要把部门职能切成块，再把块儿切成流程。

以销售为例，我曾经为一家分销公司的销售部门梳理出来的核心工作任务，具体包括以下 9 个方面：制订年度销售计划，新客户开发流程，老客户的分级管理和运维流程，产品推广流程，产品报价流程，合同管理流程，订单管理流程，回款流程，售后服务流程。

大道相通，当梳理完采购体系后，发现其与销售流程异曲同工，具体包括以下 8 个方面：制订年度采购计划，供应商开发流程，供应商的分级管理和运营维护流程，原材料询价，合同管理，订单管理，付款流程，退货流程。

值得注意的是，不同企业的销售、采购模式和内容是不一样的，同一家公司新客户开发的方式和方法也是不一样的。不同时期，客户开发的路径也不尽相同，所以企业的流程开发必须以时空为参照变量，以客户需求为中心，因地制宜，不可盲目照搬。

麦当劳公司的单店运营和训练流程是所有流程中的重中之重，解剖一下其全球共享的连锁店流程结构，我们可以简单概括为两方面流程：一线操作流程大约 30 个，包括收银、炸薯条、烘烤面包、煎鸡蛋、煎牛肉饼、配料、清洁桌椅、清洁外围、清洁卫生间、滤油等；基层管理流程 12 个，其中包括值班管理流程、客户关系管理、排班流程、订货流程、现金管理流程、人员管理流程、提升销售额、训练管理流程、机器设备的维护和保养流程等。麦当劳正是靠 30 个业务操作流程和 12 个管理流程实现了其雄心勃勃的全球复制计划。

梳理核心体系有多种不同的方法，以下提供 4 种切割工作任务的方法。

- 分析并画出工作流，从哪儿开始到哪儿结束，就像流程图一样。
- 分析当前的问题，有哪些不顺畅的地方，有无需要增减的工作任务。
- 参考同行业中的佼佼者，它们有哪些有价值的流程是企业现在还没有的。
- 参考有价值的图书，书中可能会有一些理论框架的指引。

总之，梳理任何部门的工作体系都需要尊重现实，重视当前的问题，一切以客户为中心，学习同行标杆，学习理论知识，梳理出一套符合组织实际的、符合客户需求的、高于过往实践的、能够避免问题的核心工作体系。这套体系应该做到环环相扣、没有断档。

除了业务体系，企业还有一些日常重复性工作。只要是重要且经常重复的工作，都有必要流程化，这些日常工作包括晨会、复盘会、沟通、辅导、制定目标等。

理想的状态是，只要是企业让员工做的事情，都应该有流程。

步骤五：流程设计

把部门的工作切块，就分割成了大任务，再把大任务切割成流程，如果流程还是很大，再切一刀，就是"子流程"。

以开发新客户为例，流程设计前的研讨思路主要有以下四步：第一步，群策群力，讨论开发新客户的多种方法；第二步，分析不同的开发方法的投入成本和有效性；第三步，区分优先等级，企业会选择哪些方法开发客户；第四步，根据选项，分别设计不同种类的"开发新客户"的流程。

比如，某企业最终锁定了 7 种开发新客户的方法。

- （展会名片）客户开发。
- （行业报告）客户开发。
- （内部客户名录）客户开发。
- （短视频平台）客户开发。
- （搜索关键词）客户开发。
- （睡眠客户）客户开发。
- 客户转介绍。

每个企业选择什么样的方式开发客户，涉及企业的营销策略、行业特点、客户需求、竞争优势等很多因素，通常企业的客户定位会对后续的客户开发方式起到决定性作用。移动互联网的普及也极大地影响了企业获客的渠道。

以人力资源部门的招聘流程为例，亚马逊的招聘流程分为 8 个环节，包括职位描述、简历筛选、电话面试、现场面试、书面反馈、录用会议、背景调查和录用通知。显然，如果直接写一个招聘流程，8 个步骤是肯定写不完的，所以招聘流程是一个大流程。在这种情况下，招聘流程就需要切割任务，把大流程分解为子流程，把多个子流程汇集在一起，就是"招聘行动手册"了。

把大流程分解为子流程的原因有以下 3 点。

- 招聘流程从头到尾并不是一个人在完成，而是多个人的协作分工。
- 方便分段训练，而不是一口气学完招聘。
- 招聘流程从头到尾全部完成，时间跨度可能超过 3 个月，管理者若想鉴定某个员工是否通过了该流程，可能要等待 3 个月，这不现实。

总结来说，把大流程分解为子流程，既方便员工分段操作，也方便训练员的培训，更方便管理者的鉴定和督导。

进行流程设计就相当于写一篇作文，一篇符合标准的作文要有主题、中心思想、结构（大纲），还要有重点情节的描述。所以优质流程应该包含 6 个部分：岗位名称和编号、岗位目标、岗前准备、主流程、附带职责和异常情况处理、岗位先修和岗位鉴定栏。同时从 3 个层面写出流程的层次感：主要步骤、关键动作的提炼和操作细节。

步骤六：流程实施

流程设计出来后，下一步就是流程实施。任何新事物的出现都要面临旧势力的抵触，如何保护新生且脆弱的流程？解决方案有两个：第一，强势执行，政策落地，简化流程，让新生流程固化下来，不被篡改；第二，通过刻意练习，引导人们从旧习惯过渡到新习惯。让我们来看看杰克·韦尔奇在通用电气集团是如何导入六西格玛的。

在通用电气集团推行六西格玛时，杰克·韦尔奇提出并践行了著名的流程贯彻三部曲理论，即先僵化，再优化，后固化。

第一步是"僵化"。新流程定稿后，企业要为其镀上一层保护膜。流程试用阶段，禁止任何人对流程做创新。首先是基于对流程设计品质的信任，其次是防止人们任性修改。即使有任何不适应，只管照流程去做，也就是任正非所说的"削足适履"。

第二步是"优化"。流程经过一段时间的实践后，使用者更清楚流程好或不好，顺手还是不顺手？此时，流程小组应集中讨论流程中可以优化的细节，这是一个精益求精的过程。实践后再迭代形成2.0版本。

如果说僵化阶段是"要求闭嘴"，那么优化阶段就是"鼓励张嘴"。

第三步是"固化"。经过一系列的优化，流程逐渐趋于完美，在相当长的时间内会相对固定下来，企业就可以开始大面积复制和推广流程了。

杰克·韦尔奇用最简捷的3个步骤推动了流程的贯彻和执行，华为的任正非极其推崇，积极效仿，也成功地推动了流程在华为的顺利落地。这让我们看到了在实施重要任务时展现强势领导风格的意义。

如果你想改掉一个旧习惯，最好培养一个新习惯。如果你想培养一个新习惯，最好强化"刻意练习"。

步骤七：巩固变革成果

如何将流程贯彻始终？这是变革的终极目标。企业需要依靠长效机制。

我们不能短视地把今年定为"流程年"，那么明年呢？我们不能过早地宣告胜利，不要放松，流程要"反复抓，抓反复"，直到磨出茧，形成基因。

企业领导者可以尝试多种方式设计、维护、运行和优化流程，具体如下。

- 保持流程团队的有效运行。
- 每月制订、执行流程计划。
- 策划各种流程推动的活动。
- 将流程主题纳入晨会。
- 每周复盘，总结成果，解决问题。
- 领导者率先垂范，定期参与流程的设计、培训和督导。
- 评选"流程之星"。
- 制作精美的礼品，用于奖励流程贡献者。
- 设立年度"流程日"。
- 将流程纳入绩效考核。
- 出台相关的鼓励政策：将流程与薪酬结合，与晋升挂钩。
- 开展一年一度的"全明星流程大赛"。

第五章

训练流程：
如何批量复制人才

流程是做事的利器，又是育人的复印机。流程可以帮助企业大面积、低成本、快速批量复制人才。当企业拥有足够数量精通流程的"种子"人才时，流程化就彰显出"可复制的基因"优势。从 1 到 100、从 1 到 10000 都将成为可能。

企业家和中高层队伍是捍卫流程、传播流程的核心力量。缺乏流程复制的企业，在人才培养方面有三种病态表现：一是员工水平参差不齐，20% 的人创造了 80% 的绩效；二是过度依靠能人，所谓"能者多劳"实际上是"惩罚了优秀的人"；三是能人无法超越，一旦能人成为天花板般的存在，企业将受限于能人，停滞不前。

遵循训练系统的人，终将成为系统的受益者。领导者应致力于建立一套完整的训练系统，从而实现人才复制目标。

员工训练系统

　　流程设计好后就需要企业主体执行，而最佳的执行力来自员工智慧和情感的投入。因为用力做事远远不够，还要用脑和用心。流程既可以帮助企业把事情做好，也可以帮助企业复制人才。

　　如何批量复制人才，这不是简单的教练技巧问题，而是需要一套教练系统。

　　让我们来回顾一下理想的训练场景。

　　就个体而言，每个人能胜任多个岗位。当一名员工学习了某个岗位的操作流程，并通过刻意练习将该岗位操作技能掌握并达到娴熟程度时，他就能获得该岗位的认证，拥有该岗位独立工作的资质。接下来就是复制，掌握第二个、第三个岗位技能……员工迅速成为岗位多面手，直到完全掌握多个岗位的操作流程，成为难得的全能选手，真正实现了"一人多岗"。

　　就企业而言，每个岗位都有足够的储备人才。一个人能胜任多个岗位，是个体能力；每个岗位都有多个人会做，就是组织能力。一人多岗极大地降低了企业的运营成本，一岗多人也将极大地降低企业对个别能人的依赖。麦当劳收银岗位在一个班次中也许只需要 3 人，但是胜任这个岗位的员工多达 60 人，员工休年假、参加培训、转岗等都不会影响正常运营。没有人是不可替代的，这就叫"打造不依赖于能人的训练体系"。

训练系统是为了保证"江山代有才人出"，一个成功的训练系统由以下 4 个要素构成。

- 一支优秀的训练团队。
- 一套有效的训练工具和资料。
- 科学的训练方法。
- 训练后的追踪和考核。

以上 4 个要素构成了一个相互关联的员工训练系统闭环，缺一不可，彼此互动和相依。

训练团队

训练团队中的核心成员由两类人构成：训练经理和训练员。

训练经理通常由资深管理人员担任，是训练团队的灵魂人物。训练经理的首要职责是培训基层员工并快速复制优秀员工，没有训练有素的优秀员工就不可能有较高的客户满意度。员工不成长，企业一定长不大。

麦当劳的训练经理通常由各店店长或第一副经理担任。公司相信人员发展是企业的首要任务，首席训练官通常由高阶管理层担此重任。一线员工承载了服务客户的一切工作，员工的成熟度直接决定了客户的满意度。员工的成熟度是企业兴衰的风向标。

训练经理的核心职责包括：挑选训练员、培训训练员、制订训练计划、执行训练计划、追踪训练成果、保存训练档案。

熟练掌握全部岗位技能的优秀员工将具备候选训练员的资质，候选训练员在通过训练员技能训练后可获得训练资格，通过鉴定后成为正式训练员。训练员的核心职责是训练任何岗位的员工，没有训练任务时，训练员就像普通员工一样，遵循岗位观察检查表完成本岗位工作。

训练工具和资料

如果企业希望员工很好地执行训练任务，就需要给他们一套行动指南。

训练工具有很多种，这里介绍两个主要工具。第一个工具是岗位观察检查表（SOC）。所有的岗位都有操作流程。第二个工具是录像带（video cassette recorder，VCR）。在麦当劳，每个岗位都有操作流程并且制作成录像带。它们首先把流程和教学内容翻译成中文，然后找专业人士配音。所以，最终日本、新加坡、澳大利亚等地区的员工看到的录像带和我们看的是同一个录像带，唯一不同的是语言。

训练员有两大工具：《训练员行动手册》和配套的视频。其核心内容包括训练员应具备的特质、训练的 4 个角色、训练员所需要的核心技能和训练的 4 个步骤。遵循该手册，外加训练经理的指导，每个人都可以成为训练有素的专业训练员。

员工的训练资料包括所有岗位的 SOC 和配套的视频。有了这些工具和资料，外加训练员的教练过程，每个员工都可以熟练地掌握岗位操作流程，并成为熟练的岗位能手。

训练方法

有没有一种流程能够让员工训练做到"多、快、好、省"呢？这里分享一个简单且实用的训练方法。

- 准备：包括所有训练前的准备工作。
- 呈现：讲解知识点，示范行为。
- 试做：让员工尝试操作。
- 追踪：针对员工的训练情况做实时追踪和反馈。

训练追踪

员工训练的过程，总是伴随着领导者的督导过程。

以下 3 个阶段需要领导者追踪训练过程。

- 员工在试做过程中，通常需要训练员的高频追踪，每隔一小时至少一次。
- 员工通过 SOC 的一个月后，需要再一次追踪，而且是不提前通知的。
- 员工通过 SOC 的两个月后，进行最后一次追踪，同样是不提前通知的。

训练过程中的追踪非常重要，一旦员工违反标准，错误的行为将变成惯性，当错误的习惯养成时，企业将花费更多的时间进行培训才有可能改变员工的坏习惯。所以我们的训练原则是"第一次就训练对"。

训练后的两次追踪，是提醒员工不要掉以轻心，要坚守标准。如果员工三次追踪均能完全达到 SOC 的标准，说明员工已经养成了正确的操作习惯，此后将不再需要额外的追踪。

因为是不提前通知的追踪，所以员工必须时刻保持高标准工作状态，直到养成好习惯。

训练员的特质和角色

做得好并不等于能教得好。

一名资深的员工和一名合格的训练员并不能画等号。从岗位能手过渡到教练，需要经过三道关：特质塑造、角色塑造和教练技能训练。

训练员的 4 种特质

成为一名合格的训练员，仅仅是业务能力出众是远远不够的，还涉及呈现技巧、人际沟通技巧、心理学知识等。一名经验丰富的员工在成为训练员之前，必须通过训练具备以下 4 种特质。

耐心：训练新员工时，训练员要意识到，每名员工的基础、性格和学习能力都不尽相同。作为资深员工，训练员自己操作起来通常认为非常简单的工作流程，对新学员而言却是一个不小的挑战。所以在训练过程中，训练员要表现出足够的耐心，不急不躁，让新员工在轻松的环境下学习。宽松且友善的教学氛围是保障新员工快速学习的良好环境因素。保持耐心是训练员的首要特质，必须戒掉"生气、训斥、不耐烦、鄙视"等坏习惯。

信心：每当员工在学习过程中遇到了挑战或困难，训练员要相信而不是怀疑其是否适合这个岗位，要相信每个人通过训练都可以做到熟能生巧。没有教不会的学生，只有不会教的老师。

同理心：训练员要学会换位思考，想想自己初学时会有什么担忧，新手最需要的支持是什么，自己更喜欢什么样的教练。拥有同理心的教练一下子就能拉近与学员的距离。良好的师徒关系是培训中难得的氛围。

责任心：当训练员投入时间来训练员工时，就已经担负起了人才培养的重任，对下属的成长负责，就是对客户负责；对自己的教练角色负责，也是对公司负责。

训练员的 4 个角色

成为合格训练员的另外一项硬指标就是角色担当。作为资深员工，核心职责是做好本职工作；作为训练员，核心职责首先是做好本职工作，然后才能将自己在本职工作中的优秀表现复制到其他员工身上，而且是创造性地复制，就是孔子说的"因材施教"。

行为人师，学为世范。

作为训练员有 4 个重要角色，分别是专家、榜样、教师和教练。

其中，专家和榜样的标准是在日常工作中必须表现出来的。在训练过程中，训练员任何正确的行为都会给新员工起到正面示范作用；反之，任何错误的行为都会误导新员工，导致标准混乱并带来负面影响。成为一名训练员的前提是成为一名出色的员工，在本岗位各方面都能够坚守公司的标准，表现出足够的专业水准。

教师和教练的角色主要是如何掌握讲解和训练技巧。教师的工作重心是讲解并让员工掌握知识点，教练的工作重心是示范并训练员工的操作技能。前者解决"应知"的问题，后者解决"应会"的问题。

作为"专家"，训练员应做到以下 5 点。

- 专业知识精通。
- 专业操作娴熟，在日常工作中表现出一贯的高标准。
- 能够正确解释操作步骤、操作细节及相关标准。
- 针对岗位操作能提出合理化建议。
- 能够处理本岗位发生的一般性异常问题。

作为"榜样"，训练员应做到以下 4 点。

- 遵守公司的所有政策。
- 捍卫流程，持续示范 SOC 的正确标准。
- 任何时候，一旦发现同伴有违反工作标准的行为，及时反馈和纠偏。
- 保持专业化的工作形象和习惯。

作为"教师"，训练员应做到以下 4 点。

- 正确使用《训练员行动手册》中的工具和资料。
- 熟练遵循训练四步骤、SOC 及相关行业标准训练员工。
- 化繁为简，能够简单清晰地讲解各项操作细节。
- 能够运用案例讲解，让学员更容易理解。

作为"教练"，训练员应做到以下 5 点。

- 关心员工，以平等方式与员工沟通。
- 通过正面反馈，鼓励员工正确的行为。
- 通过修正性反馈，纠正员工不正确的操作。
- 正确、耐心地回答员工与训练有关的问题。
- 通过观察和提问，发现员工在操作中存在的问题，并随时纠偏。

训练的 4 个步骤

我学，我做，我教，我放手。我再学，我再做，我再教，我再放手……如此周而复始。学是做的前提，做是教的前提，教是放手的前提。放手是为了下一次的学习。

学习型企业应该倡导"人人都是教练""人人都是学生"的文化。每一个员工都是双重身份，既是学生也是教练。我们学习自己不会的，教给大家自己会的。

会做教练的人，也会是善于学习的人。训练员应基于教的原理来学习；基于学的原理来教练。

成为一名出色的教练，需要"教"的技巧和"练"的技巧。"教"的目标是让员工"知道"，"练"的目标是让员工"会做"。

专业的训练过程包括相互关联的 4 个步骤，如图 5-1 所示。

准备 ➡ 呈现 ➡ 试做 ➡ 追踪

图 5-1　训练的 4 个步骤

第一步：准备

万全的准备是胜利的开始。着手训练前，训练员应做好以下准备工作。

- **准备计划**：与管理层提前沟通下周训练计划。《岗位训练计划》包括 3 个部分：解读 SOC 和员工自学、示范与员工试做、刻意练习与追踪。
- **准备场地**：包括训练教室和岗位，具体包括教室里的设备、岗位中必需的工具、资料等。
- **准备自己**：训练员需要重温岗位 SOC 内容以及教学视频，标注重点和难点。
- **准备员工**：提前将训练计划告知新员工，询问新员工的需求，对即将开始的训练有何期望或顾虑。

表 5-1 是某企业的员工岗位训练计划。

表 5-1　某企业的员工岗位训练计划

岗位训练计划		
训练员： 岗位：		员工： 日期：
时间	**内容**	**完成人**
8 月 25 日 9:00—10:00	解释 SOC	训练员
8 月 25 日 10:00—11:00	SOC 自学	员　工
8 月 25 日 11:00—12:00	视频学习	训练员
8 月 25 日 13:00—14:00	示范 SOC	训练员
8 月 25 日 14:00—16:00	员工试做	员　工

（续表）

时间	内容	完成人
8 月 26 日 全天	刻意练习	员　工
8 月 27 日 10:00—10:30	预鉴定	训练员

第二步：呈现

呈现就是"说给他听，做给他看"，训练员的具体训练标准如下。

概述：第一次训练，可以按照 SOC 中的所有步骤和内容给新员工讲解一遍，让新员工对本岗位标准有一个概括性了解，理解岗位的特征和主要工作内容；要求新员工在其他时间自学，熟悉 SOC 的相关内容和标准，尤其是应知应会部分。从第二次训练开始，训练员只需要把本次训练内容做一个简要的概述即可，阐明学习目的和主要步骤，让新员工对本次训练有总体概念。

详述：详细讲解本次训练的主要内容及操作标准，重点解释知识要点及标准的操作原理。运用恰当的案例描述，分别从正面和反面的案例引导员工理解所学内容及标准。

示范：按流程示范每一个步骤，让新员工能够观察到正确的操作方法和标准，可以分段示范，边做边详细解释各项步骤和标准，将示范和讲解结合起来。其间可以询问新员工是否完全理解或者有何疑惑，根据员工需求（进度和理解能力）进行讲解和示范，直至每一位新员工完全理解。

提醒一点：视训练内容多少或难度，训练员可以选择把训练内容拆分成几个小部分，每个小部分都按讲解→示范→询问→解答的程序进行，采用分段教学模式，员工学起来更容易。

第三步：试做

试做就是鼓励员工尝试操作，如果员工做得很好，训练员应予以及时认可；如果员工表现有偏差，训练员应再次示范。

鼓励试做：在进行分步讲解和示范后，如果训练员认为员工已经熟悉了相关步骤和标准，就可以请其动手"试做"，先让员工做一遍，检查其能否正确操作；开始时速度慢一些，随时提醒什么是正确的行为和标准；也可以分段试做，直到其能够完整正确地完成全部步骤。

及时反馈：在试做过程中，训练员应对员工正确的操作及时给予正面反馈；对员工出现工作偏差及时给予修正性反馈。任何时候，训练员都需要保持耐心，以尊重和关心的态度进行训练。

询问困惑：在试做过程中，训练员可以询问新员工是否理解，有何疑惑。解答疑惑的最好办法是讲解、示范和试做的结合。如果员工说"没有问题"，训练员可以主动提问。

刻意练习：待员工掌握了正确的操作步骤后，训练员可以要求员工进行刻意练习。该过程强调标准而非速度，力求将正确的行为固化为习惯。

注意：在试做过程中，尤其是在涉及客户安全和质量风险的情况下，为避免导致错误或事故，训练员需要一直在现场。原则上，员工只有完全通过 SOC 的鉴定后才能独立上岗。

第四步：追踪

训练员不在身边时，员工可以在放松的环境下练习。即使遇到些小问题，也可以自己反省。这是自我内化的学习过程。

训练员追踪的目的是检查员工的学习进度、标准，并给出相应的反馈和指导，直到员工能够精准地掌握每个步骤、细节和标准。

观察与反馈：训练员应仔细观察员工的操作过程，对新员工的正确操作及时给予正面反馈；对不正确的行为，要指出问题，予以修正性反馈。训练员应再次示范正确的行为。

询问与答疑：训练员应主动与员工交流，询问是否有困惑，解答疑问。训练员应根据实际需要进行讲解和示范，让员工复述和试做。

SOC 预鉴定：在本岗位训练即将结束时，新员工熟练掌握了 SOC 全部关键步骤和标准后，训练员可以对其进行一次全面的 SOC 预鉴定，检验其掌握情况，确保新员工 100% 达到 SOC 标准。如果没有问题，训练员可以向管理层申请 SOC 正式鉴定的机会。

针对性练习：训练员应针对预鉴定中出现的个别问题安排针对性的训练。如果新员工的操作有错误之处，训练员应及时予以纠偏；如果是新员工操作不熟练，训练员应对其进行强化培训；如果是新员工对标准操作不理解，训练员应补充知识点讲解。

以上训练过程，我将它编成一首《训练歌》，欢迎大家背诵并实践。

《训练歌》

说给他听；

做给他看；

让他做做看；

做得好，点个赞；

做不好，再改善；

反复做，成习惯。

员工 SOC 的鉴定

员工 SOC 的鉴定分为两个部分：知识鉴定和技能鉴定。鉴定人通常由管理层担任。参考资料为本岗位的 SOC。

鉴定人可以通过以下问答环节对员工进行知识鉴定。

- 询问本岗位的关键目标。

- 询问岗前准备包含的主要内容，抽查细节。

- 询问主流程的步骤，看是否会背诵。

- 询问关键步骤，请员工解释为什么和怎样做。

- 询问重点和难点。

- 针对容易出错的步骤和细节询问。

- 如果有表格，针对表格内容询问。

- 抽查附带职责及细节。

- 针对某一种异常情况，抽查处理方式。

鉴定人可以通过观察以下细节对员工进行技能鉴定。

- 检查员工的工作环境是否符合作业标准。

- 观察一遍员工完整的操作过程。

- 如果发现任何问题，询问原因，并鼓励员工按照正确的方式再做一遍。

- 针对岗前准备、主流程、异常情况处理逐条验证打钩。

- 如果发现员工行为有偏差，且第二次也不能进行正确操作的，终止鉴定。

鉴定结果

鉴定结果有两种：通过或不通过。

员工只有在完全掌握知识点和全部技能时，才能通过 SOC 的鉴定。请牢记：100% 才能通过，而不是 90%。标准不能打折！

如果员工有任何知识点和技能尚未达标，鉴定人可以通过修正性反馈认可员工的优点，同时指出其待改进的问题点，建议员工花足够的时间进行有针对性的问题点强化训练，以鼓励的方式结尾。比如："今天整体表现良好，特别是你的精心准备和知识点掌握。有两个地方需要再训练——设备点检和异常处理部分，再练习一天就应该能达到熟练。一天后，我很乐意为你再次进行岗位鉴定。有任何问题，随时请教你的训练员，也可以找我沟通。加油！"

对于通过鉴定的员工，鉴定人可以击掌鼓励，如果有一份小礼物，将是一份意外的惊喜。

有效沟通的原则及技巧

训练过程总是伴随着训练员与员工之间的互动交流。因此，训练员必须掌握和运用有效的沟通技巧，才能更有效地完成训练工作。训练过程也是训练员提高自己沟通能力的过程。

有效沟通三原则

一般来讲，沟通效果受到包括语言、手势、态度、语调、说话方式和沟通环境等因素的影响。在训练工作中，由于要与来自不同背景的员工一起工作，训练员必须清晰、礼貌地与员工进行沟通。员工听到的不仅是讲话内容，还包括说话方式、说话态度。在训练中与员工沟通时，训练员应牢记以下 3 个原则。

原则一：尊重员工

在训练过程中，训练员应尊重员工，具体要求如下。

- 训练时保持目光交流。
- 保持欢乐、轻松的语调。
- 面带微笑，态度友善。

原则二：清晰地表达

在训练过程中，训练员应清晰地表达训练内容，具体要求如下。

- 发音吐字清晰。
- 使用普通话。
- 表达方式简单、通俗易懂。
- 注意停顿，语速适当。

原则三：积极倾听

在训练过程中，训练员应积极倾听员工的反馈，具体要求如下。

- 倾听时，把注意力集中在对方的讲话上，把握要点。

- 如果不理解员工表达的意思，主动提问，确认。

- 给员工思考的时间。

- 保持耐心，不要催促员工的答复或陈述。

在沟通原则的指引下，接下来是训练员经常用到的 4 个技巧，包括洞察、提问、倾听和反馈。

学会洞察

洞察包括察觉及预判断。在员工学习的早期阶段，训练员通常是不离左右，在肩并肩、一对一的训练过程中，可以通过观察了解员工的学习状态和学习成效。

- 眼：观察员工动作是否变形，或者员工操作时是否丢掉了其中的一个步骤。

- 耳：听到了不一样的、刺耳的机器声了吗？

- 鼻：是否闻到食品焦煳的味道？

- 手：通过触碰，感受产品表面的光滑程度。

- 口：亲口尝一尝食品的味道。

发现问题并不代表就能迅速找到解决方案。这里涉及问题原因的分析。究竟是什么原因导致员工出现问题呢？在没有收集足够的信息之前，训练员只能凭借经验做出判断。这种判断并不一定总是准确的，训练员通常需要通过提问获取真实、有效的信息，以便给出恰当的解决方案。

有效提问

提问有助于训练员收集信息、识别员工的问题、找到问题的原因，训练员还可以通过提问确认员工是否理解。

有两种不同的提问方式：开放式问题和封闭式问题。

经常使用开放式问题（这类问题对方不能用"是"或"否"来回答），有助于收集更充分的信息。开放式问题主要由 5W2H 分析法的提问方式构成，涵盖这个内容的提问都是开放式问题。下面是一些开放式问题的例子。

- 你觉得工作中哪一部分最难？
- 这个流程的重点是什么？
- 是什么原因促使你这样做呢？
- 你觉得还有哪些内容不是很清楚？
- 你觉得哪个环节还不那么熟练？

封闭式问题可以帮助训练员确认员工的观点和意图，员工只能用"是"或"否"来回答。下面是一些封闭式问题的例子。

- 我们安排本周三下午训练，这与你的计划有冲突吗？
- 刚才有没有讲得不清楚的地方？
- 你可以复述一下我刚才讲授的内容吗？
- 请问你是否按要求完成练习了？

通过提问发现问题后，训练员需要倾听并做出准确判断，提供有效的反馈，协助员工改进工作表现。

积极倾听

倾听是收集信息的重要一环。倾听首先是一种积极的态度，它包含尊重对方、不带偏见、点头表示理解、理解不同的观点和行事方式、不轻易打断、聚焦问题、坦诚对话等。总之，积极倾听要做到以人为本，展现教练的同理心。

史蒂芬·科维（Stephen Covey）把倾听分为以下 5 个层次。

- 听而不闻（心不在焉）。
- 假装听（虚假回应）。
- 选择性地听（只选择自己感兴趣的内容听）。
- 专注地听（什么都听，没有判断重点的能力）。
- 设身处地地听（同理心）。

能够站在对方的角度去倾听，才是训练员应有的境界。

倾听有四大技巧：接纳信息（receive）、做出反应（reflect）、复述要点（repeat）、总结要点（rephrase），简称 4R 倾听法则。

接纳信息： 不选择、不批判、同理心倾听。

做出反应： 点头表示理解，表达疑惑，坦诚感受。

复述要点： 针对关键词句，复述出来，以便获取更多的信息，比如："你是说，第三步你不太理解是什么意思，对吗？"

总结要点： 有时候，员工会找出很多理由，夹杂感受、情绪和事实。训练员需要区分猜测或事实，加工并总结出员工的核心观点。所以它不是简单的复述，而是要区分有效或无关信息，区分事实或感受，总结要点。

此外，倾听时要注意节奏，保持适当的沉默也是在暗示对方继续提供更多信息的有效方法。通过倾听收集到确定的信息和事实之后，下一步就是反馈。

有效反馈

反馈可以是赞美员工的优点和进步，也可以是修正工作中的偏差。反馈是改善组织执行效果、强化执行的有力工具。在企业中，让员工向主管和同事真实地反馈问题可能是一件困难的事情。我的经验是大家要经常练习，不断积累。当你走进这个变革环境时，要问自己："我希望给企业带来的是什么？要展示怎样的我？我希望从企业得到哪些反馈？"在对执行跟踪的过程中，领导者要适时地给予反馈。反馈有以下 4 种类型。

正面反馈

正面反馈是针对员工的优良表现和行为给予正面的表扬。当员工正确执行标准或遵守政策时，训练员需要使用正面反馈。正面反馈有助于巩固员工的正确行为，并激励员工继续保持。所以员工做得好的地方要进行赞扬，这样就会形成一个良性循环。正面反馈的形式有财务报表、运营报表、员工访谈、神秘顾客、日常巡视。正面反馈的重点是，描述员工表现出的正确行为或标准＋赞赏语。以下是正面反馈的例子。

- "今天的巩固性练习效果很好，尤其是主流程步骤清晰，动作熟练。按照当前表现，估计明天下午就可以通过SOC 鉴定了。加油！"
- "每天能提前 10 分钟做好岗前准备工作，非常好！"

- "对每个步骤的关键动作都把握得很精准，完全符合要求，很棒！"

任何时候，只要发现员工有出色的表现或进步，训练员都需要及时给予正面反馈，这会增强员工的信心。

修正性反馈

修正性反馈是针对员工的行为偏差给予纠正和指导，帮助其做出正确行为。修正性反馈的目的是用积极的方式肯定员工的正确行为，同时纠正员工的不当行为，避免指责和批评带给员工负面感受，造成其学习动力下降。一个简单又常用的技巧是"三明治原则"，修正性反馈的步骤是赞美优点，指出问题，相信可以改善。如果在一个阶段性会议上，有非管理层员工对汇报内容有保留意见，像是欲说又止的情况，最好的方法是请员工直接说出观点。这样会使员工在意识到自己问题的同时，也能感受到上司的尊重和关怀。

对于一位艾灸受训员工，修正性反馈举例："刚才我观察到你的操作步骤非常规范，准备工作也很充分。只是缺乏与客户的互动交流。我们并不鼓励频繁打扰客户，但和客户沟通其身体的病灶部位以及注意事项，这对客户的健康是有益的，同时借机提醒客户定期进行艾灸保健的重要性，并约定下一次来店时间。加油！"

正面反馈和修正性反馈都属于有效的、建设性的反馈。有效反馈既可以激励员工坚持正确的标准，又可以及时指出员工存在的问题，帮助员工改进工作表现。

负面反馈

负面反馈就是单纯的批评，相当于从感情存款机里提款，批评越多，透支越大，会降低员工的士气，影响训练员与员工之间的关系，是人际关系中的典型的透支行为，应避免使用。负面反馈不仅导致员工产生抗拒心理，也会透支人际关系。在上述场景中，如果员工是错误的，训练员不要当场指出问题"你根本不理解我们的执行目标""这个观点太幼稚了"，而是应该当场向他解释说明。当直接批评某位员工的迟到行为时，员工可能会产生抵触情绪："偶尔迟到一次你就盯上了，我经常加班你看见了吗？再说我过去出勤一直很好，你也从来没有表扬过啊？"面对负面反馈，员工的工作积极性会受到很大影响，挫折感加强。

没有反馈

这是最糟的情况，不管下属做得好还是不好，作为领导者都不过问，任其发展。试着想象一下，在一个员工出勤率很差的企业里，员工上班来得早不加分，来得晚也不扣分。这相当于企业把员工当作演员。组织中不一定时时沟通，沟通的重点在于了解是否有唤醒员工的主动性。没有反馈是最要不得的，它比负面反馈更糟糕。作为领导者，应该多发展一些针对下属的反馈技巧，加强沟通。

培养训练员的 3 个步骤

从候选训练员转正成训练员，需要通过训练员鉴定过程。

候选训练员是指通过本区域所有工作岗位鉴定的员工。换句话说，熟练掌握了所有员工工作岗的资深员工即可成为候选训练员。这与员工在企业的工作年限没有直接关系，只与员工的学习进度和宽度有关。企业应该允许不同员工有不同的学习进度，员工有权自主选择，学习速度快的员工将有机会更早晋升为训练员。

成为训练员的先决条件有两个：知识学习（应知）和技能掌握（应会）。

第一步：候选训练员自学

训练导师（通常由训练经理或授权人担任）简要介绍《训练员行动手册》的内容后，安排候选训练员自学，可以给 2~3 天的学习时间，每天抽出两小时熟悉、理解和记忆手册的关键内容。

- 4 个角色的行为标准。
- 提问的两种方法：开放式和封闭式。
- 有效反馈的两种方式：正面反馈和修正性反馈。
- 训练的 4 个步骤。

第二步：手册内容讲授

训练导师逐一详细讲解《训练员行动手册》的内容，并与候选训练员深入交流，帮助其正确理解。导师可以采取书面或口头方式对其进行考试，确信候选训练员已经完全理解手册的关键内容后，可以进入第三步。

第三步：岗位实操训练

训练导师按照以下两个回合对候选训练员进行训练，确保候选训练员能够在现场实操中掌握训练的关键技巧。

第一回合：导师"训练"候选训练员

- 导师向候选训练员完整、详细地讲解一遍 SOC 内容，重点告诉候选训练员如何给新员工授课，利用哪些方法？哪些知识和标准是新员工不容易掌握的？
- 导师选取任一个 SOC，示范训练的 4 个步骤。
- 候选训练员在这一回合中扮演"新员工"。
- 候选训练员应该仔细观察导师的训练技巧，并认真听导师讲解的操作要点和技巧。
- 第一回合结束后，如果有任何疑问，候选训练员应该立即提出问题并与导师一起讨论。

第二回合：候选训练员"训练"导师

- 导师在这一回合中扮演"新员工"，或请一位同事扮演新员工。
- 候选训练员选取 SOC 的部分内容示范训练的 4 个步骤。
- 作为"新员工"，导师会提出新员工可能询问的问题（导师要提前收集新员工可能遇到的挑战和问题，适当挑战候选训练员，也是很好的训练手段之一），训练员尝试回答"新员工"的提问。

- 导师应根据候选训练员在训练过程中的表现，复盘其训练技巧。
- 可多次重复这一回合的练习，让候选训练员理解和掌握全部训练技巧。
- 导师如果有训练新员工的计划，可以让候选训练员跟随训练过程，观察导师的训练技巧运用。其他时间安排候选训练员自我练习和演练，在导师认可的情况下，安排训练员岗位鉴定。

训练员的鉴定

训练员鉴定需按照以下程序，参考《训练员鉴定表》的步骤进行。

鉴定方法

这项鉴定需要管理层观察候选训练员在 2~3 个班次中的工作表现，参考《训练员鉴定表》（见表 5-2）完成下列鉴定。

作为"专家"的鉴定：在指定岗位通过实际观察或询问相关人员的评价，由管理层完成。

作为"榜样"的鉴定：在工作中通过实际观察或询问相关人员的评价，由管理层来完成。

作为"教练"的鉴定：通过表 5-2 中的第三部分完成。

作为"教师"的鉴定：参考表 5-2 中的第三部分完成。

训练技巧鉴定

训练员的鉴定由训练经理负责，利用《训练员鉴定表》鉴定候选训练员。

训练技巧（即教师和教练方面的技巧）的鉴定步骤如下。

- 请一位导师扮演"新员工"。
- 候选训练员选取 SOC 的部分内容示范训练的 4 个步骤。
- "新员工"会提出新员工可能询问的问题，观察候选训练员的反应和回答。
- 鉴定人需观察按 4 个步骤及标准的现场行为表现，并在《训练员鉴定表》中评分。
- 候选训练员鉴定合格后可以晋升为训练员，如果没有通过，还需进一步训练或被淘汰。

训练员训练过程的注意事项

正式训练员是一个富有挑战性和荣誉感的工作岗位，训练员在训练新员工时需要注意以下要点。

准备工作

训练员应以《训练员指导手册》和岗前先修（SOC 应知应会的内容）的相关培训资料为指南，准备训练工作所需的各项事宜，包括双方自我心理准备、资料准备、训练场地和相关设备的准备。

训练计划

训练员根据区域训练负责人拟定《岗位训练计划》，进行训练工作。在《岗位训练计划》的训练时间内，训练员只负责训练工作，不应从事其他与训练无关的工作。当新员工的训练完成或需要更多时间训练时，须向管理层汇报。

岗位简介

训练员应带领新员工参观工作岗位，介绍需要用到的设备、产品、物料以及各种工具的存放位置；同时，带领新员工观看其他员工在此岗位上的工作情况。

课堂训练（现场合适位置或员工休息室）

在此阶段，训练员要和新员工一起学习 SOC 上的内容要点和岗位先修的内容，并允许新员工提问，耐心回答新员工的问题。

岗位训练

在此阶段，训练员将按照训练步骤和 SOC 上的内容进行岗位示范，让新员工有机会试做此程序，给他们足够的时间进行练习，这部分内容是在现场完成的。

岗位鉴定

当训练员完成整个训练过程后，应该通知训练负责人（地区训练经理）。在新员工被正式安排到岗位工作之前，训练经理要对新员工的岗位工作能力进行鉴定。这就是我们所说的通知式 SOC 的鉴定。

表 5-2　训练员鉴定表

"专家"和"榜样"的技巧需要主管在日常工作中观察 1 周左右的时间，通过观察到的事实或提问来判断，并签字确认。

第一部分：作为"专家"　　其日常工作中一贯表现出应有的行为

➤ 专业知识精通、专业操作娴熟。　　　　　　　　　　　　　　（　　）

➤ 在工作中，持续表现出正确的标准和方法。　　　　　　　　（　　）

➤ 能够对岗位的操作提出合理化建议。　　　　　　　　　　　（　　）

我在工作中观察到他（她）一贯有以上的行为表现，符合"专家"的要求。

签字　　　　　日期　　　　

第二部分：作为"榜样"　　其日常工作中一贯表现的行为

➤ 保持专业化的外表：制服和工具等。　　　　　　　　　　　（　　）

➤ 以礼貌的态度尊重同事。　　　　　　　　　　　　　　　　（　　）

➤ 遵守公司的所有政策、流程和标准。　　　　　　　　　　　（　　）

➤ 根据工作需要，无须命令可主动采取正确行动。　　　　　　（　　）

我在工作中观察到他一贯有以上的行为表现，符合"榜样"的要求。

签字　　　　　日期　　　　

第三部分：作为"教师和教练"　　在岗位训练中通过实际观察，判断候选训练员是否遵循了训练的 4 个步骤并使用了正确的训练工具

第一步：准备技巧

（1）拟定合理的《岗位训练计划》，并提前通知安排。　　　　（　　）

（2）准备训练场地、设备及相关工具、资源等。　　　　　　　（　　）

（3）重温本岗位 SOC 内容以及相关培训资料，并准备讲解。　（　　）

（4）每次训练前告诉学员此次培训的目标及主要内容，以及时间安排。（　　）

第二步：呈现技巧

（1）概述：向学员概述一遍 SOC 所有步骤和内容，让学员对本岗位标准有
　　　　　一个概括性的了解；让学员复述要点。　　　　　　　（　　）

（2）详述：详细讲解本次训练的主要内容及操作标准，重点解释知识及标
　　　　　准的成立原因和背景，运用恰当的实际案例说明，引导学员理
　　　　　解所学内容及标准。　　　　　　　　　　　　　　　　（　　）

（3）示范：示范一遍标准操作，可以沉默示范，也可以边做边解释各项步
　　　　　骤和标准，让员工更好的理解。示范和讲解需要反复进行，直
　　　　　到员工完全理解。　　　　　　　　　　　　　　　　　（　　）

第三步：试做技巧

（1）试做：先分段试做，直到学员完整地做一遍，观察学员能否正确操作。
（　　）

（2）反馈：仔细观察学员的操作，对正确的行为及时给予正面反馈，鼓励
他的表现；对不正确的行为要指出错误之处，给予建设性反馈，
确认能够观察到正确行为。
（　　）

（3）询问：在试做过程中，可以询问学员是否理解，有何疑问，并有效解答。
（　　）

第四步：追踪技巧

（1）定期追踪学员的行为操作，给予正面反馈和修正性反馈。
（　　）

（2）发现问题，给予针对性强化训练。
（　　）

鉴定意见：

鉴定人：　　　　　　　　　　　　候选训练员：

第六章

流程管理的计划、执行与督导

"人能弘道，非道弘人。"

人是流程的主体，道只会垂青那些懂流程、用流程、迭代流程、督导流程的领导者。流程设计是为了确保流程的品质，流程训练是为了保障流程的可复制性，流程的督导是为了确保流程不打折，可持续。

流程的督导主要涉及流程管理的 4 个环节：制订流程训练计划、实施训练计划、训练督导与组织有趣和有价值的训练活动。

制订流程训练计划

制订计划是实施流程管理的第一步，完整的训练计划应该包含以下内容，我们以此确定组织中与流程有关的关键任务。

- 流程设计目标：下个月，我们要设计哪些流程？

- 流程验证：已经写好的流程安排验证定稿。

- 将流程拍摄成视频：成熟的流程可以用视频呈现。

- 制订训练员培养计划：确保训练员与员工的比例达到 1∶7。

- 训练员鉴定：候选训练员的鉴定。

- 完成《SOC 训练月度计划》。

- 训练结果追踪。

- 训练档案管理：完成《员工训练卡》的填写。

- 季度训练检查：每 3 个月进行一次训练检查和评级。

- 流程活动：复盘会、流程竞赛等。

训练计划的制订者

每个月的训练计划可以以部门为单位来制订，训练计划应该由训练经理或训练协调人来制订。训练经理是公司层面的，训练协调人可以理解为部门层面的"训练经理"。每月月底前，训练经理制订下一个月的训练计划，并递交给上一级训练机构备案。上级训练机构会根据训练需求和组织战略重点做出统筹和协调。

训练计划的内容包罗万象，通常包括训练员的培养，SOC 的设计、视频拍摄、员工 SOC 的训练和鉴定等。

不同时期的工作重点有所不同。比如：早期，设计流程会多一些；中期，拍摄视频是重点；成熟期，更多的是流程迭代和升级。无论哪一个阶段，企业都应遵循先试点后推广的策略，同时还要意识到做每件事本身就是流程，包括流程迭代和视频拍摄。

训练计划要有一些刚性指标，举例如下。

- 每个员工每月要至少安排一个 SOC 的训练和鉴定，直至全部完成。
- 员工完成所有 SOC 鉴定后，开始安排训练员课程的学习。
- 管理人员每个月至少要参与一项与 SOC 相关的工作，包括 SOC 的设计、优化、SOC 的训练、追踪等。
- 确定训练需求：每个岗位通过鉴定的人数要超过实际需求的 2 倍。
- 训练员人数与员工人数的比例要保持在 1 : 7。
- 每周至少有一次训练追踪。
- 训练计划应在月初第一个工作日之前，张贴在信息栏，线上线下均可。

完整的训练计划要写出框架性内容和具体细节，包括做什么事情、谁是责任人、需要的资源、完成时间等。

表 6-1 是某企业流程训练月度计划，仅供参考。

表 6-1　某企业流程训练月度计划

所在单位：采购部　　　　制表人：火凤凰　　　　　　　　制表时间：2022-11-30

序号	工作内容	牵头人	计划开始时间	计划完成时间	完成确认
1	编写《潜在供应商搜索》SOC	刘某某	2022-12-01	2022-12-05	
2	验证《潜在供应商搜索》SOC	刘某某	2022-12-08	2022-12-10	
3	优化《产品询价》SOC	王某某	2022-12-06	2022-12-15	
4	培训王伟《采购申请付款》SOC	刘某某	2022-12-20	2022-12-22	
5	训练员鉴定（刘丰等）	王某某	2022-12-11	2022-12-11	

说明：此表由训练经理月底填写。

实施训练计划

训练计划的执行人涉及不同主体。接下来，我将针对不同的训练内容做一些简单且结构化的描述，方便大家执行。

SOC 设计操作指南

第一步，成立流程设计小组。企业领导者应选择以下人员加入流程设计小组：本岗位最优秀的员工、本岗位上下游的负责人、本岗位主管、流程写手。小组长负责召集人员，提前告知流程设计安排。

第二步，问题书面化。小组长查看过往的统计数据发现问题，询问下游遇见的问题，查看不合格品的统计报告，查看客户反馈或投诉收集问题，询问主管问题所在并形成书面报告。在开放的企业环境中，小组长可以直接询问本岗位员工发现什么常见的问题，以及通过其他途径发现问题，比如公司网站及各大销售渠道的客户评价。

第三步，岗位观察和研讨。流程设计小组成员应至少观察两个资深员工操作，发现他们的异同。萃取不同的经验有助于流程的完整性。不要浪费任何有价值的操作。观察员工操作后，流程设计小组成员可以进行会议研讨，针对每一个步骤，与会者经独立思考后分享细节和标准。最简单的方法就是每人发 4 张便签条写出该步骤的细节，然后将所有细节汇集归类。尤其不要放弃任何"锦上添花"的价值点。主持人要学会提出开放式问题，运用正面反馈。

第四步，提炼 SOC。先有诸多细节，后有分层提炼；先复杂，后简单；简单是复杂之后的提炼。提炼步骤的核心是逻辑结构。首先通常是上游的输入，最后是为下游输出，中间的所有步骤要体现前后的逻辑顺序。此外，优质流程千万不能忽略流程的接口，流程设计小组应询问所有环节接口人，怎样做才会使工作衔接更顺畅，必要时可加进时间节点。提炼 SOC 要求做到步骤清晰，每个步骤里的关键动作分解到位，每个动作的细节里剔除形容词和副词，使用行为化的语言和可量化的指标。

第五步，岗位验证。后文会重点展开讲解。

第六步，专家审定。专家审定的最高标准体现在以下 4 点。

- 基于价值观写流程。比如生产部门要把"品质、安全、交期、成本"的执行细节放进流程。价值观不是喊出来的，而是员工做出来的，基于价值观的流程才会有灵魂。

- 基于问题写流程。把常见的问题找出来，寻找对策和方法，写进流程。优质的流程能够预防问题。

- 基于客户需求写流程。客户要什么？企业就应站在内外部客户的立场写细节，剔除重复性工作，把麻烦留给自己，方便留给客户。

- 基于用户方便写流程。谁是流程的执行人？这个流程好操作吗？六三结构清晰吗？关键词提炼到位吗？流程是员工学习的教材、训练员教练的工具、管理者督导和鉴定的工具。所以，好学、好记、好教、好检查才是优质流程的标准。

表 6-2 是某企业的员工训练卡，仅供参考。

表 6-2 某企业员工训练卡

姓名：单某某　　　　　　入职时间：2018-03-05　　　　　　所在部门：销售部

SOC 编号	SOC 名称	首次鉴定时间	鉴定人	初次追踪时间	追踪人	再追踪时间	追踪人
JB-XSB-002	新客户拜访	2018-03-11	刘某某	2018-04-11	王某某	2018-05-11	李某某
JB-XSB-003	潜在客户搜索	2018-03-25	李某某	2018-04-26	刘某某	2018-05-27	刘某某

说明：此表由训练经理或授权人于月底填写。

岗位验证操作指南

考虑到很少有人进行过科学的流程验证，我就此做出详细的描述。

第一步，先找有经验的岗位能手进行验证，最好是没有参加过流程设计的资深员工。先请岗位能手在没有 SOC 的情况下自主操作，记录与 SOC 中的所有不同细节，尤其是记录所有遗漏的环节；接下来，先读后做，看是否有不一样的细节，询问岗位能手的感受，这样的不同是不是更好的选择。重点是记录任何不同的细节和遗漏的环节。

第二步，找一名新员工进行验证，仔细观察按流程操作能否达到目标。记录任何卡壳的细节。

第三步，走进会议室，讨论上述记录的不同细节、遗漏环节、不顺畅的步骤，再次优化。

第四步，再次请资深员工验证，直至无异议。

SOC 视频拍摄操作指南

当 SOC 通过验证并运行半年后趋于稳定时，企业就可以考虑拍摄 SOC 视频了。任何可视化的视频都是对流程的定格，避免每位训练员在教学过程中出现差别。视频拍摄的操作要点如下。

- 剧本编辑：遵循介绍本岗位、岗前准备要点、主流程分部介绍、异常情况处理方式，最后总结本岗位致力达成目标的顺序，重点、难点部分需要特别描述。

- 演员选择：本色出演。
- 拍摄顺序：遵循剧本顺序。
- 特写镜头拍摄：针对重点、难点使用慢镜头。
- 常见的错误动作呈现：再次示范正确动作。
- 使用字幕：包括岗位目标描述、主流程的每一个步骤、重点难点内容、常见错误描述、关键数字标准和行为标准等。

训练员培养操作指南

培养一名合格的训练员，需要完成以下 6 项工作。

- 完成本区域所有 SOC 的鉴定。
- 阅读《训练员行动手册》和观看"训练的 4 个步骤"视频。
- 完成训练员课程。
- 跟随资深训练员至少实习一次。
- 以候选训练员的身份训练自己的导师。
- 通过训练员鉴定。

训练员鉴定，重点考察训练员的 4 个角色，尤其是训练的 4 个步骤。优秀的训练员具备一些共同特质和能力，具体如下。

- 精准把握训练过程中的互动节奏：训练初期，训练员是主角；在训练后期，员工转变为主角。

- 展现出对工作的高标准：不放过任何不合格的细节，并针对不合格做出正确示范，强化练习，形成深刻记忆，养成习惯。
- 会讲解：概述清晰，详述具体。
- 会提问：问重点，问难点。
- 善观察：察颜、察行、察心。
- 展现出高超的沟通技巧：足够的耐心、持续的正面反馈、积极回应。

SOC 鉴定行动指南

训练者和鉴定者不能是同一个人。训练员只能对员工的 SOC 进行预鉴定，预鉴定相当于自检，目的是发现短板，以便进行有针对性的强化训练，对员工 SOC 的正式鉴定则由管理者完成。

所有通过该岗位 SOC 的管理层都可以承担鉴定任务，而不仅仅是训练经理。鉴定过程并不复杂，可以参考以下行动指南。

- 参考 SOC 岗前准备，逐项检查员工的准备工作。
- 请员工脱稿说出 SOC 中的主流程步骤，如果员工无法流畅表述，可以请员工先读后背。
- 观察员工的操作过程是否完全符合 SOC，要求 100% 达标。
- 询问员工"异常情况"的处理方法，抽查其中的一项或多项。
- 询问本岗位的目标，背不出来也没有问题，描述相符即可。

如果员工 100% 通过 SOC，恭喜并提醒其在未来的工作中继续保持高标准。待鉴定完全通过，管理层、训练员和员工分别在鉴定栏签字，标注鉴定日期，由管理层交至训练经理，备案存档。

如果员工有两项或以上不达标，鉴定人需要对员工进行修正性反馈，并立即终止鉴定，鼓励员工在准备充分时再安排鉴定。如果员工只有一项细节不达标，鉴定人同样给予修正性反馈，表扬优点，具体指出机会点，希望员工针对机会点进行短暂的强化训练，并在当天或第二天再次做补充鉴定。补充鉴定只针对问题点部分，无须全方位鉴定。

管理层在感谢员工和训练员付出努力的同时，有必要提醒员工，未来的两个月会有两次不提前通知的追踪，务必保持 100% 高标准状态，以免被取消岗位鉴定资格。追踪结果也将纳入员工的绩效考核。

追踪的目的是捍卫工作标准，并将高标准固化为习惯。

SOC 的追踪

训练部门应该及时统计上个月员工 SOC 的通过鉴定名单。

训练经理根据前两个月的 SOC 通过鉴定的名单，统计总数量，平均分配给所有管理层。

各管理者根据分配的追踪任务，每周执行追踪任务。

不提前通知的 SOC 追踪方法如下。

- 选择被追踪人。
- 根据追踪岗位，准备 SOC。
- 无须提前通知被追踪人，现场观察其操作或执行过程。

- 逐项观察，合格后在 SOC 上打钩。

- 待 100% 通过后，将本次鉴定纳入本月的绩效考核项。

- 如果员工有任何不符合标准的情形出现，立即停止其该
  岗位的工作进程，提供工作表现的反馈，同时取消该岗
  位认证资格。

- 任何一次追踪不通过，员工当期绩效考核结果均为"需
  改进"，启动辅导程序。

- 员工端正态度、重新练习 SOC 后，可申请 SOC 再鉴定。

- SOC 再鉴定通过后，仍需接受 SOC 的两次追踪。

追踪是为了让员工养成正确操作 SOC 的习惯。管理层应"全
员追踪，捍卫标准"。

SOC 的优化

出现以下任何一种情况时，预示着有必要对 SOC 进行优化。

客户的需求改变

顺丰的流程管理算得上是行业翘楚，客户可以很方便地在顺
丰 App 上下单、获悉何时揽件、实时信息同步、快件到达前的提
醒等，流程非常人性化，且可视化。最近，细心的客户应该意识到
其流程的细节调整了，比如快件即将到达时会有信息提醒，其中包
含一个服务环节的提醒，客户可以根据自己的时间在线上自行调整
送货上门时间。这是一个针对客户需求做出的有价值的调整。

竞争对手的威胁

滴滴服务同样是行业中的佼佼者，早期的滴滴界面只有滴滴

快车和专车服务，伴随着竞争者的整合能力提升，滴滴开始引进"第三方服务商"，并谨慎对待关于"大数据杀熟"的客户抱怨。同样的距离，同样的车型，相似的服务，不同的价格，客户会根据成本和价格做出选择。整个社会在鼓励良性竞争，当竞争者的任何一方率先优化，企业都可以强化自身的竞争优势。

技术的进步

任何时候，当企业的设备更新或软件升级时，都会带来流程的优化和简化。京东的无人机布局将极大简化物流配送方式。流程的意义还在于尽可能多的"让机器人代替人"。

SOC 的优化操作指南，具体如下。

- **接受申请**。任何人都可以向流程变革指导团队发起"流程优化申请"。
- **评估可行性**。每个月的流程复盘会将研讨流程升级的可行性，任何有助于服务进步和产品升级的建议都应该被采纳。
- **成立流程优化小组**。本岗位最优秀的员工、上下游接口的负责人（有可能会涉及设备或软件工程师）、本岗位主管、流程写手均应参与其中。
- **研讨定稿**。流程变革指导团队对初步方案进行研讨，并形成定稿。
- **岗位验证**。流程变革指导团队将定稿付诸岗位运行中，进行效果验证。
- **专家审定**。流程变革指导团队召集专家，对流程运行结果进行审定。

训练督导

所有的训练工作，始于计划，终于绩效。绩效好不好，很大程度上取决于管理层的过程督导。正如杰克·韦尔奇所言："人们不会去做你强调的事，只会做你检查的事。"

督导是训练成果的保障。

如何进行训练督导

督导可以分为定期或不定期督导两种方式。前者是通知式的，也是强制性的，可以称为"训练督导日"；后者是随机的，根据需要进行。督导不仅是训练团队的事，也是所有管理层的职责，尤其是最高决策者的职责。督导的内容包罗万象，但核心只有一个，那就是检验训练计划的执行情况。公司层面的训练经理或管理层督导各部门的流程训练计划。各部门的负责人督导分管部门的训练计划。

督导工作中"督"的要点

- SOC 设计：检查是否按计划完成新的 SOC 设计，抽查设计质量。
- SOC 验证：检查是否按计划完成 SOC 的验证，现场验证 SOC 的可行性。
- SOC 鉴定：检查是否按计划完成 SOC 的鉴定，请完成鉴定的员工现场示范操作。
- 检查训练团队：训练员与员工数量是否保持 1 : 7 的比例。

- 检查训练档案：是否有完整的员工训练档案，是否把上
  个月的训练成果及时归档。

督导工作中"导"的要点

- 针对训练重点进行辅导。
- 针对训练难点进行辅导。
- 针对上述检查中的机会点进行辅导。
- 讨论下一阶段的工作计划。
- 分享其他部门或企业的优秀实践。

完成《训练督导巡视报告》

流程变革指导团队记录所有的完成项，明确优点，指出机会点。评估结果两项或以上不达标为"需改进"，一项不达标为"良好"，全部达标为优秀，有突出成果或贡献为杰出。表 6-3 是某企业《训练督导巡视报告》。

表 6-3　某企业《训练督导巡视报告》

所在部门：　　　　　　　　　　　　　　　　入职时间：

序号	督导项目	分值	标准	得分
1	训练计划	20 分	• 月底完成计划，向上报备（10 分） • 下月初公示训练计划（10 分）	
2	计划完成	50 分	• 根据计划完成所有内容（50 分） • 少一项没有完成（40 分） • 少两项没有完成（25 分） • 超过两项没有完成（0 分）	
3	训练员数量	10 分	• 按 1 : 7 比例，训练员数量达标（10 分） • 数量不足，但有培养计划（10 分）	

序号	督导项目	分值	标准	得分
4	训练场地	10 分	• 有恰当的用于训练场地或会议室	
5	训练活动	10 分	• 训练竞赛、管理层巡视、训练员学习活动、优秀训练员评选等任何有助于训练的活动	

总评分：

优点 1.

　　　2.

　　　3.

机会点：

如何进行工作辅导

针对训练工作中的任何机会点，辅导都是必要选项。以下是辅导的 6 个步骤示例，仅供参考。

第一步：陈述目的

"今天，让我们一起来讨论一下训练计划的完成情况。"

第二步：描述问题

"本次训练检查，有两个优点，SOC 的验证和设计都高标准完成。同时，我们也发现，训练员数量明显不足，按比例计算缺编 2 人，这将会影响到下一阶段的员工训练进度。"

第三步：积极倾听

"究竟是什么原因导致训练员数量不够呢？需要我的帮助吗？"

辅导员要善于运用倾听的 4 个技巧：节录其意、重复语、开放式的问题、沉默。

第四步：锁定原因

针对对方的描述，辅导员要锁定真实的原因，找不到问题的原因就找不到解决问题的方案。

第五步：询问解决方案

辅导员应引导下属提出解决问题的方案，只有下属自己提出的方案才更容易执行。

如果对初次提出的方案不满意，辅导员可以询问"还有更好的选择吗？"

必要时，辅导员应对下属进行恰当的引导，永远不要代替下属提供解决方案。

第六步：下属总结

"今天的沟通富有成效，我们一起讨论了关于训练员的后续培养问题，现在请你简单总结一下有关训练员培养方案的要点和方法。"

辅导员让下属自己总结，既是确认下属的理解正确，同时也包含了下属对工作的一份承诺。通常，辅导之后，下属会针对训练中的机会点制订改进行动计划。

问题再追踪

这一工作的要点，是针对问题"回头看"。

训练员要根据行动计划中的完成日期，进行再追踪。其间，欢迎下属就疑难问题进行互动沟通，并提供必要的帮助。

督导的目的绝不是发现员工的错，而是聚焦成绩和任何进步。

我认为督导应展现领导者的魅力，可以带着礼物去督导，奖励那些卓有成效的训练组成员，并重点做好以下事项：倾听（listen）、培育（educate）、协助（assist）、研讨（discuss）、评估（evaluate）、负责（respond）。

组织有趣和有价值的训练活动

麦当劳的创始人雷·克洛克说过："如果你认为培训的费用昂贵，不妨考虑一下无知的代价。"训练活动的组织者应设法让所有的训练活动变得有趣和有价值。

以下训练活动是我在过往实践中的一些探索，分享给大家。

SOC 复盘会

训练经理可以利用每月一次的例会，分享训练成果，并开展表彰活动和问题提醒。

每个季度一次的复盘会必不可少，训练经理应该组织专门的时间召开"SOC 专题研讨会"，参加的对象包括训练员代表、员工代表、管理层代表和训练团队全体成员。大型组织中通常包括训练协调人，该角色的主要任务是分担一部分训练经理的职责，比如组织训练会议、整理会议纪要、收集训练计划、保存训练档案等。

复盘会应聚焦下列议题。

- 回顾上一季度的训练计划。
- 公布训练计划的完成情况。
- 总结训练活动中的 3 个优势，指出 1~3 个机会点，落实到后期的改进行动中。

- 形成待办事项，责任到人，限定时间，定义任务标准。

- 将会议成果汇集成《训练内参》，通知关联人。

- 表彰先进个体或团队，最好准备一些带有公司标识的精美礼物。

复盘的意义是总结成果，表彰优秀，沉淀经验，针对机会点突破。

全明星 SOC 大赛

如何让员工们热衷于 SOC 的训练，并始终如一地遵循标准？如果你喜欢观看奥运会或世界杯之类的体育赛事，你会发现"SOC 竞赛"绝对是最佳、最热门的训练催化剂。

如何组织一场"激动人心"的流程赛事呢？以下流程仅供参考。

- 成立组委会，有广泛的代表性，包括训练经理、高级管理层和训练员代表。

- 讨论比赛规则。

- 邀约组建"评委会"，成员要求熟悉 SOC、高标准的管理层。

- 接受参赛选手报名。

- 赛前动员，公布比赛时间和规则。

- 安排开幕式、初赛、复赛、决赛。

- 利用好比赛宣传海报、横幅、电子显示屏等，营造热烈的比赛氛围。

- 公布各岗位冠军，为冠军颁发"金牌"。

- 每年的各岗位冠军成员入选年度"梦之队"，将所有冠军
  的名字刻在"冠军墙"上。

一年一度的比赛会换来一年中每一天对流程的重视和高度投入。企业还可以将比赛的全过程录像，剪辑"SOC 全明星大赛"视频，全年在员工休息室或餐厅播放，这份荣光将同时激励获奖者和每一个后来者。

优秀训练员的评选

对企业来说，传承企业文化和行为规范的正是一线的训练员。训练员是"流程的种子选手"，企业需要做好"育种选种"的工作。企业应根据自身规模评选优秀训练员，可以选出"一月一人"或"一季一人"，强调高标准和稀缺性。

在评选优秀训练员时，建议企业采用员工评委与专家评委的相结合模式。员工评委代表的是"客户的声音"，专家评委代表的是"专业的视角"。具体实施细节可参考以下内容。

- 每月最后一个工作日，由员工推荐两位候选"优秀训练
  员"，统计票数，前 3 名入围。

- 专家组成员针对前 3 名进行专业评价。评价标准参考训
  练员的 4 个角色，即专家、榜样、教师、教练，评分各
  占 10 分。专业得分第一名，即成为"最佳训练员"。

- 如果最佳训练员与上一期是同一人，则第二名也同时晋

级，并列成为"最佳训练员"。

- 如果同一个人 4 次以上被评选为"最佳训练员"，则获得训练员"终身成就奖"，不再进入"最佳训练员"评选。
- 在员工大会中颁奖，同时为"最佳训练员"特制铭牌和"荣誉教练服"。

你还能想到哪些令人激动且难忘的方式来奖励最佳训练员呢？

训练员主题年会

一年一次的训练员主题年会是非常有意义的，这里的"意义"既包括对训练的重视，也包括对训练的专业技能的迭代探索。

所有的训练经理、训练协调人和训练员都将参加"训练员主题年会"。

年会可以选择在公司外召开。规模大的企业可以营造更积极的会议氛围，比如 POP 宣传、酒店周边道路的竖幅，宣传"某某公司训练员主题年会"等。

年会可以聚焦以下议题。

- 分享过去一年的训练成果。
- 呈现"新一年的年会主题"，比如捍卫标准。
- 训练员代表的主题发言。
- 训练经理对会议主题的专业解读和倡导。
- 邀请总经理致辞是会议规格和被重视的有效行为。
- "最佳训练员"颁奖。

- 有关训练技巧的 5 个"游戏活动"，紧扣年度主题。
- 进行"训练员知识竞赛"，获奖小组奖励公司股票或其他。

你认为还有哪些活动能够为训练员主题年会添彩？如果企业规模不大、训练员数量不多，有哪些适合的方式呢？

亲爱的读者，恭喜你读到了这里，和全网超 300 万管理者一同了解可复制管理精髓和流程密码。

管理无处不在，小到一个人的自我管理，中到几人小组协作，大到万人团队管理，再到跨国集团打造，若想成功，都离不开流程的塑造与完善。但现实情况是，大量的企业仍然缺乏高效流程，管理经验是零碎的、缺失的、不成体系、不够完整，或者说是隐性的。

流程优化是企业进步的阶梯，有效萃取隐性的经验成为显性的流程，无论是我亲自带万人队伍，还是陪跑超大集团，管理的方法就是如此简单，系统建立了，人才源源不断得以被复制。希望这本书让你不再有管人的焦虑，有更多的时间去思考用户和未来的发展。

参考文献

[1] 吉姆·柯林斯.基业长青：企业永续经营的准则 [M].真如，译.北京：中信出版集团，2019.

[2] 黄卫伟，等.以客户为中心：华为公司业务管理纲要 [M].北京：中信出版集团，2016.

[3] 黄卫伟.以奋斗者为本：华为公司人力资源管理纲要 [M].北京：中信出版集团，2014.

[4] 稻盛和夫.心：稻盛和夫的一生嘱托 [M].曹寓刚，曹岫云.北京：人民邮电出版社，2020.

[5] 拉姆·查兰.卓有成效的领导者：8 项核心技能帮你从优秀到卓越 [M].徐中，译.北京：机械工业出版社，2016.

[6] OJT 解决方案股份有限公司.丰田工作法：丰田的工作哲学与方法大全 [M].朱悦玮，译.北京：北京时代华文书局，2016.

[7] 迈克尔·哈默，詹姆斯·钱匹.企业再造 [M].小草，译.南昌：江西人民出版社，2019.

[8] 约翰·科特.变革之心 [M].刘祥亚，译.北京：机械工业出版社，2021.

[9] 罗伯特·卡普兰，大卫·诺顿.战略地图：化无形资产为有形成果 [M].刘俊勇，孙薇，译.广州：广东经济出版社，2014.

[10] 罗伯特·S.卡普兰，戴维·P.诺顿.平衡计分卡战略实践：完全

将平衡计分卡融入组织血液的战略分析新模式 [M]. 上海博意门咨询有限公司，译 . 杭州：浙江教育出版社，2022.

[11] 杰克·韦尔奇 . 商业的本质 [M]. 蒋宗强，译 . 北京：中信出版集团，2019.

[12] 史蒂芬·柯维 . 高效能人士的七个习惯 [M]. 高新勇，王亦兵，葛雪蕾，译 . 北京：中国青年出版社，2018.